한국현대수필 100년

사파이어문고 4

그럼에도
행복하다

본 서적은 2022년 한국예술인복지재단 창작지원금으로 발간 되었습니다.

∧∧∧ 한국예술인복지재단
KOREAN ARTISTS WELFARE FOUNDATION

한국현대수필 100년 사파이어문고 ④

정영태 수필집

그럼에도 행복하다

인쇄 | 2022년 8월 25일
발행 | 2022년 8월 30일

글쓴이 | 정영태
펴낸이 | 장호병
펴낸곳 | 북랜드
　　　　06252 서울 강남구 강남대로 320, 황화빌딩 1108호
　　　　41965 대구 중구 명륜로12길 64(남산동
　　　　대표전화 (02)732-4574, (053)252-9114
　　　　팩시밀리 (02)734-4574, (053)252-9334
　　　　등록일 | 1999년 11월 11일
　　　　등록번호 | 제13-615호
　　　　홈페이지 | www.bookland.co.kr
　　　　이-메일 | bookland@hanmail.net

책임편집 | 김인옥
교　　열 | 전은경 배성숙

ISBN 979-11-92613-07-9 03810
ISBN 979-11-92613-08-6 05810 (E-book)

값 12,000원

그럼에도 행복하다

정영태 수필집

책을 내면서

유월부터 시작된 불볕더위와 열대야. 많은 사람을 고달프게 했던 더위가 절기節氣 앞에서는 어쩔 수 없었나 봅니다. 여름에서 가을로 넘어가는 입추立秋가 지나니 제법 선선한 바람이 청량함으로 다가옵니다. 여름 내내 목청껏 소리 지르던 매미도 이젠 떠날 채비를 합니다. 가을 하늘은 더 높고 더 파랗게 보입니다. 농부는 봄에 뿌린 씨앗을 수확할 날을 기다리고 있습니다.

저도 결실의 계절 가을에 작은 열매를 맺었습니다. 이십여 년 가까이 써 온 글을 정리해 보았습니다. 수필집을 내기까지 많은 생각과 고민이 있었습니다. 가슴 깊은 곳에 간직해두었던 내밀한 감정을 세상 밖으로 내보인다는 것이 그리 쉽지 않았습니다. 하지만 용기를 내어 두서없는 글 몇 편을 책으로 엮었습니다.

총 5부로 나눴습니다.

간략하게 내용을 소개한다면 1부는 산에 다니는 것을 좋아했기에 산에 다니면서 일어난 소소한 일과 생각들을 모은 글이며, 2부는 어릴 때 부모·형제와 오손도손 살면서 쌓였던 추억 이야기입니다. 3부는 살면서 있었던 일을 적었고, 4부는 지난 시절 뒷동산에서 함께 뛰놀던 그리운 사람들을 회상하며 쓴 글과 문화 해설사를 하면서 지역 문화와 역사에 관하여 배우고 쓴 글입니다. 마지막 5부는 글쓰기를 시작한 후 공모전에 응모하여 당선된 작품입니다.

　지금까지 살면서 여러 사람들로부터 많은 도움을 받았습니다. 이 자리를 빌려 감사의 인사를 전하려 합니다. 일일이 열거할 수는 없지만 알게 또 모르게 저에게 관심을 기울여주신 분들께 감사드립니다. 지금도 저를 물가에 내놓은 아이처럼 노심초사하는 가족에게도 고마움을 전하고 싶습니다. 이 자리에 오기까지 많은 지도를 해주신 교수님과 늘 함께한 문우님에게도 감사드립니다.
　늘 감사하는 마음으로 살겠습니다.
　고맙습니다.

2022년 8월

정 영 태

| 차례 |

4 · 책을 내면서

1 산 따라 물 따라

12 · 가을 정취

16 · 삼필봉 가는 길

20 · 무학대사와 은신암

25 · 가지산 도토리

30 · 은행나무 두 그루

35 · 초보 심마니

39 · 초여름의 숲

44 · 추억 속으로 여행

48 · 강이 빚어낸 자연환경

52 · 가을로 가는 길목에는

2 엄마야 누나야

56 • 도리깨질

60 • 추억의 옥수수

64 • 어느 날 문득

71 • 명의의 조건

75 • 봄비

79 • 선물

83 • 여름날의 추억

87 • 아버지와 짚신

94 • 양법

98 • 해인사 백련암

3 그럼에도 행복하다

104 · 여름 불청객

108 · 미소 짓는 얼굴

112 · 그럼에도 행복하다

118 · 생태계 포식자

123 · 틈새는 있기 마련

126 · 겨울 산행

130 · 그 사람이 보고 싶다

134 · 뒷모습이 아름다운 사람

137 · 숲의 힘

4 그리운 얼굴

142 • 채움보다는 비움

146 • 어느 가을날 오후

150 • 실없는 눈물

154 • 화향백리, 인향만리

157 • 낡은 구두

162 • 달빛 사냥

166 • 동구 밖 아카시아

170 • 물 찬 제비

174 • 경덕왕과 화원동산

179 • 고색창연

183 • 새로운 일탈을 꿈꾸며

5 공모전 입상

188 · 포산이성

193 · 발해를 꿈꾸며

198 · 억새의 슬픈 노래

203 · 달빛 풍경

208 · 씨도리

212 · 하나 되는 그날이 오면

219 · 바람이 머무는 자리

1
산 따라 물 따라

가을 정취

노랗게 다가오는 가을 향기, 투명한 햇볕이 포근하게 느껴진다. 쪽빛 하늘에는 실구름이 점점이 흐르고 목이 긴 코스모스는 바람을 타고 가느다란 허리를 접었다 펴기를 반복한다. 나는 가을바람에 이끌려 무작정 길을 나선다.

하늘은 높아지고 말이 살찐다는 가을, 얼굴에 부딪히는 상큼한 바람이 좋다. 가늘게 불어오는 바람에 흩어지는 들꽃 향기를 맡으며 자전거를 타고 무작정 달렸다. 낙동강 둑에도 가을이 점령했다. 끝없이 이어지는 산국 꽃길을 따라 내 마음은 풍선을 매단 듯 한껏 부풀었다. 가을 정취를 느끼게 하는 수크령과 억새도 새하얀 꽃을 피웠다.

현풍 들에는 누렇게 익은 벼가 넘실거린다. 한쪽에서는 벼 베는 기계 콤바인 굉음이 요란하다. 어릴 적 벼 베기 한 기억을 떠올리며 넋 잃고 한참을 바라보았다. 예전에는 벼 포기를 하나하나 낫으로 베고 논바닥에 며칠간 말려 두었다가 벼 이삭이 적당히 마르면 집으로 가져왔다. 그런 다음 동네에 한두 집 있는 탈곡기를 빌려 밤이 이슥하도록 타작을 했다. 콤바인에 쓰러지는 벼를 보니 아버지 생각을 지울 수가 없다.

평생을 일만 하다 가신 아버지, 자식 뒷바라지하느라 살아오면서 먹고 싶은 음식 하나도 마음껏 드시지도 못하셨다. 동이 틀 무렵에 일어나 밤사이에 작물이 어떻게 되었는지 궁금해 들에 나가셨다. 아침 식사가 준비되면 어머니께서는 아버지를 모셔오라고 하셨다. 아침밥 한술을 뜨면 지게에 농기구를 올리고 논밭으로 나가 허리가 휘어지도록 농사일을 하셨다. 사시사철 일밖에 몰랐던 아버지께서는 어쩌다 집안 행사나 친구 모임이 있으면 약주를 드시고 오셨다. 평소에 무뚝뚝하신 아버지께서 이런 날에는 자식들에게 애정 표현을 쏟아냈다.

늙음은 그 누구도 막지 못하는가 보다. 젊은 날에는 힘이 장사였던 아버지도 세월 앞에는 어쩔 수가 없었다. 환갑을 넘기면서 몸은 조금씩 쇠약해져 갔다. 젊은 날 무리하게 일을 한 것이 나이가 들면서 골병이 되었다. 지금이야 아프면 첨단 장비로 촬영하여 쉽게 발견할 수 있는 세상이다. 사오십 년 전에는 아프면 그저 참을 수밖에 없었다. 면 소재지에 한두 군데 있는 의원은 응급 상황이 아니면 가지 않았다.

산국 향기에 도취해 달리다 보니 낙동강 달성보가 가까워졌다. 세 시간 가까이 달려온 것이다. 달성보 난간에서 잠시 쉬었다. 낙동강 물은 어제와 다름없이 유유자적 흘러만 갔다. 다시 자전거에 몸을 실었다. 가는 날이 장날이라고 마침 현풍 장날이다. 재래시장은 그 지역 특징이 있어야 하는데 교통의 발달로 전국 일일생활권이 되다 보니 어디를 가도 똑같은 풍광이다. 현풍시장에는 수구레국밥이 별미다. 난전은 제철 과일이 푸짐하게 진열되어있다. 가까운 창녕에서 단감을 많이 재배하기에 노랗게 익은 감이 먹음직스럽다. 사과며 배, 석류까지 주인을 기다린다. 국밥 한 그릇으로 배를 채우고 현풍시장을 나왔다.

여기서 삼십여 분 정도 가면 소학 동자 김굉필 선생의 도동서원과 임진왜란 영웅 곽재우 장군의 솔례 곽씨 집성촌이 나온다. 어디로 갈까 망설이다 도동서원에 있는 사백 년 넘긴 은행나무를 보기 위해 자전거 페달을 밟았다. 노랗게 물든 은행잎을 상상하며 갔는데 막상 도착해보니 아직 푸름이 남아 있다. 그럼에도 내가 온 오늘이 최고의 날이라 여기고 황량한 서원 안에서 한참 동안 머물다 나왔다.

가을이 절정으로 치닫는다. 멀리 보이는 비슬산에는 군데마다 물감 부어 놓은 듯 울긋불긋하다. 길섶 가로수 잎은 벌써 낙엽이 되어 이리저리 흩날리고 있다. 매년 다가오는 계절이지만 이제는 한 해 한 해가 새롭다. 다음 주말에는 더 늦기 전에 단풍 구경을 하러 가야겠다.

삼필봉 가는 길

산행하기 좋은 계절이다. 덥지도, 그렇다고 춥지도 않은 적당한 기온에 파란 가을 하늘 올려다보니 산에 오르고 싶은 충동이 느껴진다. 코로나 시국이라 마음 놓고 갈 만한 곳은 산뿐이다. 내친 김에 가을바람을 맞으러 삼필봉으로 발길을 옮겼다.

삼필봉은 비슬산에서 북동으로 뻗은 청룡 지맥 중 대구광역시 달성군 화원읍 본리리와 달서구 도원동의 경계를 이루고 있는 산이다. 삼필봉은 468m 높이로 세 산봉우리가 마치 붓끝과 같이 생겼다고 하여 붙은 이름이다. 세 개의 봉우리 중 가장 왼쪽은 까치를 연상시킨다고 하여 작봉鵲峯, 중앙은 시루를 얹어놓은 듯한 바위 봉우리로 되어 있어 증봉甑峯, 가장 오른쪽은 소나무가 많다고 하여 송봉松峯이라고 부른다.

삼필봉으로 가는 길은 여러 군데 있다. 먼저 대구수목원에서 뒷문으로 나와 본격적으로 산으로 오르는 길과 보훈병원 앞 월광 수변 공원에 차를 주차해 두고 가는 길이 있다. 가장 짧은 거리는 마비정 벽화마을에서 출발하는 길이다. 수목원과 수변 공원에서 출발하는 길은 여러 번 다녔기에 이번에는 마비정 마을에서 오르기로 했다. 마비정 마을로 가려면 승용차나 버스를 이용하는데, 대구 서부 정류장 건너편 버스 정류장에서 한 시간마다 출발하는 달성 2번 버스가 있다. 버스 이용객은 주로 벽화 마을 사람들이며 주말에는 삼필봉으로 오르는 등산객이 더러 있다.

주말 아침, 서부 정류장에서 9시 10분에 출발하는 달성 2번 버스를 타고 10시 20분경 마비정 마을에 도착했다. 버스에서 내리니 어제 비가 온 탓인지 담벼락에 그린 그림이 한층 깨끗하게 보였다. 벽화를 둘러보며 마을길을 걸으니 가을 향기가 가슴 속을 파고들었다. 키 큰 해바라기가 허리를 숙이며 어서 오라고 인사하고, 감나무 가지 끝에는 발갛게 익은 홍시가 대롱대롱 매달려 있다. 방금 노란 망우리를 터트린 국화꽃은 이슬을 머금고 가을 햇살을 받고 있다.

마비정 벽화마을의 정식 명칭은 달성군 화원읍 본리 2리다. 지역 사람들은 오래전부터 산으로 둘러싸인 동네란 뜻으로 뫼포장이라 불렀다. 담벼락에 그림을 그린 지는 그리 오래되지 않았다.

십여 년 전, 달성군청에서 인구 감소로 빈집이 많이 늘어나고 사라져가는 농촌 마을을 살려 보자는 취지로 벽화를 그렸다. 삼십여 가구 되는 마을에 벽화를 그리고 보니 입소문을 타고 관광객이 몰려들었다. 육칠십 년대 가난하고 배는 고팠지만 마음은 풍요로웠던 그 시절을 떠올릴 수 있는 그림으로 채워져 있다. 책가방이 없어서 보자기에 책을 둘둘 말아 허리춤에 묶어 학교로 가는 그림, 지게 가득 땔감 나무를 지고 가는 풍경, 여름날 발가벗고 시냇물에 뛰어드는 그림 등 옛 추억을 소환하기에 아주 좋은 그림들이다.

본격적인 산행길에 들어섰다. 마비정 우물이 있는 곳에서 우측으로 오르면 대나무 숲이 나오고 소나무 군락지가 곧바로 이어진다. 그다지 가파른 오르막은 아니지만 갈수록 숨소리는 거칠어졌다. 다행히 솔숲에서 불어오는 가을바람이 얼굴에 흐르는 땀을 식혀 주기에 충분했다. 쉬엄쉬엄 삼사십 분 산길을 걸으니 증봉 삼거리가 나왔다. 이제 거의 다 온 셈이다. 나는 삼필봉 꼭대기로 가지 않고 가을을 즐기려고 우측 숲길로 들어갔다.

능선 길에는 아름드리 참나무가 하늘을 찌를 듯 위용을 자랑했다. 완만한 경사에 숲 그늘이 걷기에는 아주 좋은 길이다. 산꼭대기에서 불어오는 상큼한 바람은 사람의 마음을 이리저리 흔들었다. 느릿느릿 걷는 오솔길, 더는 부러운 것이 없다. 누군가 세상에서 제일 행복한 사람이 누구냐고 묻는다면 "나"라고 얼른 대답하고 싶은 심정이다. 살아가는 데 아무런 도움이 되지 않는 자질구레한 생각은 접어두고 무념무상으로 걷는 길이 행복하다.

근래 들어 산에 오르면 힘들어도 정상까지 가고자 하는 욕망이 생겼다. 예전에 무던히도 올랐던 산이건만 얼마 전부터 무릎이 좋지 않아 이제 두 번 다시 올 수 있을까 하는 생각에 정상 오름이 더욱 간절하다. 양손에 스틱을 잡고 왼쪽 무릎에는 보호대를 칭칭 감았는데도 불구하고 꼭대기까지 올라가고야 만다.

다시 마비정 마을에 도착했다. 산 정상에는 쾌적한 기온이었건만 내려오니 후덥지근한 가을 늦더위가 숨 막히게 한다. 그러나 땀 흘린 뒤 오는 쾌감을 느껴보지 않은 사람은 모른다. 내려오는 길에는 담벼락에 그림과 함께 쓴 시를 감상했다. 더러는 낯익은 이름이 보인다. 잔잔하게 적은 시를 감상하면서 작가의 얼굴이 함께 겹친다. 이렇게 삼필봉 산행을 마무리했다.

무학대사와 은신암

무엇이 나를 이토록 끌리게 하는가. 잊을 만하면 생각나는 곳이다. 처음 이곳을 찾았을 때는 보잘것없는 작은 암자였다. 시간이 흐를수록 다시 가보고 싶은 생각이 들어 계절마다 찾는 사찰이다.

경남 함양군 안의면 상원리 월봉산 중턱에 자리한 은신암, 이름만으로도 어떤 곳인지 짐작할 수 있으리라. 조선 개국공신 중 한 사람인 무학대사가 인생 말년을 보낸 곳이다. 당시에는 날아가는 새도 떨어지게 한다는 권력의 소유자인 그가 늘그막에 첩첩산중에 암자를 짓고 여생을 보낸 곳이다. 암자는 애석하게도 한국전쟁으로 불타버리고 말았다.

열대야로 잠 못 이루던 여름 어느 날이었다. 울창한 숲과 차가운 물이 철철 흐르는 함안군 월봉산으로 피서를 떠났다. 이곳은 유명한 사찰 터가 두 군데나 있다. 용추계곡 들머리 주차장에 도착하면 "덕유산 장수사 조계문德裕山 長水寺 曹溪門"이라고 쓴 일주문이 나온다. 장수사는 신라 소지왕(487년) 때 승려 각인이 세운 사찰이다. 조선 숙종 때 첫 번째 불이 났고 두 해 뒤 다시 불이 났지만 복구했다. 일천오백 년의 기운을 고스란히 간직한 장수사가 한국전쟁으로 흔적도 없이 사라지면서 지금은 일주문만 남아 있다. 해인사에 버금가는 큰 사찰이었다고는 하지만 그 자리에는 감나무 한 그루만이 덩그러니 남아 지난날 화려했던 옛 영화를 말해주고 있다.

다른 한 곳은 은신암이다. 장수사 일주문에서 한 시간 남짓 걸으면 용추계곡 자연 휴양림이 나온다. 다시 얼마간 더 올라가면 삼거리 갈림길에 도달한다. 좌측은 은신암, 우측은 금원산과 월봉산 사이에 있는 수막령으로 오르는 길이다. 은신암 가는 길은 또 두 갈래로 나눠진다. 수막령에 올라 월봉산 정상에서 거꾸로 내려오는 길과 용추계곡에서 곧장 오르는 두 갈래 길이다.

은신암을 알게 된 지는 오래되었다. 하얀 눈이 소복이 쌓인 겨울이었다. 표지판도 이정표도 없는 꼬부랑 산길을 돌고 돌아 오르다 보니 작은 암자가 나왔다. 어떤 곳인지 궁금해 안으로 들어가 보니 암자는 양철지붕에 낡고 초라하기 그지없었다. 사람이 살지 않는 곳이라 착각할 정도로 허술하고 엉성하게 지은 집이었다. 그러나 사람이 살고 있다는 표식은 단박에 눈치챌 수 있었다. 헛간에는 농기구가 가지런히 정돈되어 있었고 눈 속에서도 마당은 깨끗이 정리되어 있었다. 사람의 흔적은 있는데 몇 번이고 불러봐도 인기척은 없었다. 다음에 와 보기로 하고 내려오면서 그곳이 은신암이라는 것을 알게 되었다. 길모퉁이에 보일락 말락 할 정도의 희미한 표지판이 있었다. 그때야 어떤 곳인지 알게 되었다.

조선의 개국공신으로는 정도전과 무학대사를 빼놓을 수 없다. 그들은 어쩌다 서로를 제거하려고 암투를 벌였을까. 세력에서 밀린 무학대사가 정도전에게 쫓겨 함양의 깊은 골짜기로 숨어들었다. 무학대사는 고려 말 조선 초 승려로 이성계가 왕이 될 것이라는 꿈 풀이를 잘해 준 인연으로 조선 개국 후 왕사가 되었다. 수도를 한양으로 옮기고 경복궁 터를 잡는 등 많은 업적을 남겼다. 무학 못지않게 정도전의 야망도 만만치 않았다. 조선의 기본이 되는 법전을 비롯하여 불교를 배척하는 불씨잡변 등 조선의 뿌리를 설계한 사람이다. 그들은 서로 경계하면서 보이지 않는 권력다툼을 벌인 것이다. 세력에서 밀린 무학대사가 신변에 위협을 느껴 1394년 이곳에 암자를 짓고 숨어 살았다는 것만은 확실한 것 같다.

지난봄 일어난 일이다. 나뭇가지마다 연둣빛 새순이 우후죽순으로 돌아날 즘에 용추계곡에서 수막령을 거쳐 월봉산에 올랐다. 산 한 바퀴 돌고 내려오다 중턱에 있는 은신암에 들르기로 했다. 친구는 앞서가고 나는 그 뒤를 따랐다. 겨우 은신암 근처에 가고 있는데 앞서가던 친구가 언제 갔었는지 투덜거리며 암자에서 터벅터벅 내려오고 있었다. 이유인즉 암자에 기거하고 있던 승려가 퉁명스럽고 야멸차게 출입 금지라며 들어오지 못하게 했단다. 순간적으로 스치는 생각이 친구가 사찰에서 지켜야 할 예의를 몰랐던 것 같았다. 그는 어릴 때 부모님 따라 교회에 다니다 커가면서 차츰 교회와 멀어졌다.

여느 가정집 방문과 마찬가지로 사찰도 예외는 없다. 절에 들어갈 때는 지켜야 할 법도가 있다. 승려에게 양해를 구하고 안으로 들어가야 하는데 친구는 그 과정을 생략해 버린 것이다. 암자에서 곧장 마당 안으로 들어선 것이다. 예고 없이 불쑥 들어오는 방문객을 반길 사람은 그 누구도 없다. 암자 주인인 승려가 버젓이 기거하고 있는데 아무 말 없이 들어온다는 것은 누가 봐도 무례임에는 분명하다. 암자에 생활하고 있는 승려의 출입금지란 말에 나까지 평소에 가고 싶었던 은신암을 둘러보지 못했다.

계절마다 은신암에 오고 싶은 이유가 있다. 특히 여름에는 숲에서 뿜어 나오는 싱그러운 바람이 나를 자꾸만 부르는 것같이 들린다. 빽빽이 우거진 아름드리나무 사이로 어디선가 산신령이라도 불쑥 나타날 것 같은 분위기다. 계곡을 따라 흐르는 물은 삼십 도를 오르내리는 날씨에도 여전히 얼음장 같다. 오솔길을 따라 걸으면 다람쥐가 하늘을 날며 재롱부리고 난생처음 보는 야생화가 수줍은 미소로 피어있는 것이 좋다. 가을이면 오색 단풍이 산 전체를 물들여 마치 한 폭의 그림 같기도 하다.

　매번 갈 때마다 느끼는 감정이지만 숲속 길이 너무 좋다. 표지판도, 이정표도 없는 첩첩산중 길을 걸으면 무아지경으로 들어간다. 안타까운 것이 있다면 은신암의 역사적 기록이 그다지 없다는 것이다. 단지 무학대사가 말년에 정도전에게 쫓겨 이곳에서 마지막 여생을 보냈다는 것뿐.

가지산 도토리

　욕심이 화를 불렀다. 날은 점점 저물어오고 내려갈 길은 아직 까마득하다. 앞서가는 친구는 연신 투덜거리며 빨리 따라오라고 재촉하는데 무거운 배낭이 어깨를 짓누르며 발걸음을 더 느리게 한다. 걷다가 잠시 쉬기를 반복하며 어두운 산길을 한동안 헤매었다.

　단풍이 곱게 물든 어느 가을날, 청도에 있는 운문산을 오르기 위해 집을 나섰다. 운문댐 길섶에는 코스모스가 하늘거리며 군락을 이루고 있다. 잠시 꽃 속에 파묻혀 엉거주춤한 자세로 사진을 찍었다. 옅은 향수를 뿌린 것같이 그윽한 꽃향기에 기분은 날아갈 것 같았다.

　운문사를 지나 사리암 주차장에 도착하니 해는 중천에 떠 있다.

여기서 큰 개울을 건너면 운문산 오르는 길이 시작된다. 나에 대한 배려인가, 어쩐 일인지 친구가 사리암에 잠깐 들렀다 가자고 한다. 그는 무신론자요 난 불교 신자다. 산행길에 절이 있으면 내가 법당에 들어가 참배하는 동안 친구는 밖에서 기다리곤 했다.

사리암에는 석가모니 부처님의 진신사리를 모신 적멸보궁이 있다. 법당 안 서쪽으로 활짝 트인 곳에 부처님 사리를 모셔두고 문밖에 커다란 바위가 있다. 신자들은 그곳을 향해 주문을 외며 열심히 기도했다. 나도 참배한 후 암자를 둘러보는데 '가지산 가는 길' 표지판이 눈에 들어왔다. 처음 보는 길이라 올라가 보기로 하고 사리암 뒷산 등성이까지 올랐다.

멀리 가지산 정상이 보였다. 애초에 목적지는 운문산이었지만 가지산으로 변경했다. 초입은 오솔길이었지만 갈수록 길은 희미해지고 청미래 넝쿨과 억새가 앞을 가로막았다. 한 고개를 넘으니 또 다른 산이 눈앞을 가렸다. 얼마나 걸었을까. 평평한 곳을 찾아 잠시 쉬려고 자리를 잡았다. 물을 마시며 주위를 보니 도토리가 사방으로 널려있었다. 평소에도 산나물이나 약초가 눈에 띄면 지나치지 않았는데 도토리를 두고 갈 수는 없었다.

도토리를 줍기 시작했다. 아직 갈 길은 아득한데 계획에도 없던 일이 벌어지고 말았다. 굵직굵직한 도토리가 삽시간에 배낭을 가득 채웠다. 이제부터가 문제다. 얼마 걷지 않았는데 어깨에는 바윗덩어리를 올려놓은 듯 무게감이 느껴졌다. 계속 메고 가느냐, 버리고 가느냐에 고민이 생겼다. 친구는 이 자리에 내려놓고 가자며 강요하고 난 그러기에는 아깝다는 생각이 들었다. 논쟁 끝에 친구의 도움 없이 혼자 메고 가는 것으로 합의점을 찾았다.

난 아직 도토리묵의 진한 맛을 모른다. 하지만 어머니는 즐겨 드신다. 해마다 가을이면 도토리묵을 만들어 형제들과 나눠 먹는다. 나 역시 등산 다니다 도토리 한 톨이라도 눈에 띄면 습관처럼 주머니에 넣는다. 묵을 만들려면 잔손이 많이 간다. 몇 해 전에 어머니에게 묵 쑤는 것을 배워 보았다. 도토리 서너 되를 방앗간에서 곱게 빻은 후 적당한 자루에 넣고, 물이 넘치지 않도록 한 바가지씩 계속해서 부었다. 처음에는 도토리 껍질에서 시커먼 물이 나오더니 차츰 갈색으로 변했다. 다시 양파망에 조금씩 퍼 넣어 문지르니 하얀 도토리 가루가 나왔다. 이 과정이 제일 힘들고 어려웠다. 이렇게 걸러둔 것을 서너 시간 두면 전분은 밑으로 가라앉는다. 일정 시간이 지나면 적당한 전분과 물을 섞어 강한 불에 올려 오랫동안 저어주니 묵이 완성되었다.

가지산 정상에 도착하니 해는 벌써 서쪽 하늘에 걸려있었다. 여기서 밀양 쪽으로 하산하면 두어 시간이면 충분하다. 우리는 사리암 주차장에 차를 두고 왔기에 어쩔 수 없이 왔던 길로 되돌아가야 했다. 도토리가 가득 담긴 무거운 배낭을 친구와 번갈아

짙어지고 내려오는 길은 만만치 않았다. 산 그림자는 점점 밀려오는데 빨리 걸을 수가 없었다. 절반도 내려오지 못해 어둠과 맞닥뜨렸다.

더는 앞으로 나갈 수가 없었다. 하늘에 별빛이 우리의 갈 길을 밝혀주고 있었다. 난 야맹증이 있어 산에 갈 때는 랜턴을 준비하는데 그날따라 미리 챙기지 못했다. 결국 가지산 학소대 폭포 근처에서 길을 잃었다. 오래전에 왔던 기억을 더듬어 찾아보았지만 어느 쪽으로 가야 하는지 분간이 되지 않았다. 어쩔 수 없이 난 한곳에 가만히 있고 친구는 사방을 다니며 길을 찾았다.

얼마나 기다렸을까. 친구는 거친 숨을 몰아쉬며 넓은 길을 찾았다며 돌아왔다. 안전한 길로 접어들자 그는 도토리가 금덩이라도 되느냐며 볼멘소리를 늘어놓았다. 그래도 여기까지 가져온 것이 아까워 버릴 수는 없다며 끝까지 가져가자고 하여 무거운 내 배낭과 바꿔 짊어졌다. 멀리 아스라이 불빛은 보이는데 캄캄한 밤이라 거리 측정이 되지 않았다. 하염없이 걷다 보니 밤 열 시가 넘어 사리암 주차장에 도착했다.

산에 다니다 보면 잊지 못할 추억이 많다. 덕유산 갔을 때도 산나물에 욕심을 부리다 길을 잃었다. 그뿐인가, 한겨울에 지름길이라며 큰 개울을 건너다 미끄러져 물에 빠진 적도 있었다. 그땐 온몸이 꽁꽁 얼어붙는 느낌에 하반신이 마비되는 줄 알았다.

지난가을에는 도토리가 풍년이었다. 날이 밝아오면 도토리 줍는다고 시간 가는 줄 몰랐다. 아침에 잠깐씩 주운 것이 며칠 만에 한 자루가 되었다. 어머니에게 배운 대로 묵을 만들어 형제들뿐 아니라 지인들과 작은 나눔도 했다.

은행나무 두 그루

적천사 앞마당에는 두 그루 은행나무가 있다. 올해도 어김없이 연두색 잎이 돋아나 거대한 숲을 이룬다. 보들보들하게 올라온 은행잎은 마치 어린아이 살결 같다. 천년이란 세월을 지나는 동안 생채기 하나 없이 싱그러움을 뽐낸다.

지난가을이었다. 노랗게 물든 은행잎을 보고 형언할 수 없는 감동을 받아 올봄에 다시 찾았다. 여름이 오려면 아직 두어 달 더 있어야 하는데 한낮의 태양은 불을 뿜는다. 가파른 산길을 한참이나 걸었더니 호흡이 빨라지고 심장이 쿵쾅쿵쾅 뛰었다. 아직 봄기운은 남아 있는데 여름을 방불케 하는 더위다. 몸에서는 땀이 샘물 솟아오르듯 연신 뿜어져 나온다. 급기야 속옷까지 흥건히 젖어 물에 적신 솜뭉치처럼 무거웠다. 소나기 같은 땀을 쏟으며 산길을 한 시간가량 올랐을 무렵, 천년의 향기가 살아 숨 쉬는 적천사 은행나무 두 그루가 눈앞에 나타났다.

절집에 은행나무를 심은 이유는 무엇일까. 절 앞마당에는 둘레와 높이를 가늠할 수 없을 만큼 큼직한 은행나무가 푸름으로 가득 차 있었다. 나뭇가지는 세월의 무게를 감당치 못해 서로 얽혀 어깨동무를 하고 있다. 은행나무는 암나무와 수나무 있어야 열매가 달린다고 하는데 둘은 한 쌍의 부부인가 보다. 나무 밑에는 지난해 맺은 은행이 떨어져 수북이 쌓여 있다.

경상북도 청도군 청도읍 원동리 화악산 중턱에는 천년 고찰 적천사가 있다. 대한불교 조계종 동화사 말사로 기록에 의하면 신라 문무왕 시대 원효대사가 정신수양을 위해 토굴을 지은 것이 시초였다. 흥덕왕의 셋째 아들인 심지왕사가 새로 짓고, 고려 명종 대에 지눌智訥 선사가 다시 크게 중창했다고 한다. 당시 수행하던 승려가 오백여 명이 넘었을 정도라 한다. 지눌 선사는 허물어진 사찰을 고쳐 지은 후 짚고 다니던 은행나무 지팡이를 심은 것이 지금까지 살아남아서 큰 나무가 되었다고 한다.

지눌 선사는 적천사와 관련한 유명한 일화가 있다. 숲이 우거진 황악산에는 도적이 많이 살았다고 한다. 도적을 물리치기 위해 여러 방법을 써보았지만 소용이 없었다. 궁리 끝에 나뭇잎에 호虎 자를 써서 불어오는 바람에 날렸더니 나뭇잎은 신통력으로 커다란 호랑이가 되어 도적들을 남김없이 몰아내었다고 한다. 지금도 절 서쪽에 있는 고개를 다름재라고 부른다. 그것은 당시 도적들이 호랑이에 쫓겨 다급하게 도망간 것에서 비롯되었다고 한다. 적천사의 수난은 도적뿐이 아니었다. 임진왜란 때는 왜병들이 몰려와 건물 일부를 파괴했다. 왜란이 끝난 후 쑥대밭이 되어 있는 것을 숙종 대에 와서 다시 복원하여 사찰의 면모를 갖추었다. 구한말에는 적천사를 중심으로 의병들이 활동하게 되자 일본군이 절의 누각과 요사채 등 건물 일부를 불태웠다고 전해진다.

풋풋한 향기를 뿜어내는 은행나무를 뒤로하고 천왕문 안으로 들어섰다. 활짝 열린 문으로 들어서는 순간 깜짝 놀랐다. 문 양옆에는 사찰을 지키는 각기 다른 모습을 한 네 분의 사천왕이 큰 눈을 부릅뜨고 나를 노려본다. 순간 내가 무슨 잘못을 저질렀나 하는 생각에 마음이 움츠러들었다. 뭉툭한 주먹코에 부리부리한 눈망울, 손에는 시퍼런 칼과 창을 든 위엄 있는 몸짓에 주눅이 들었다. 나에게 자비를 베풀어 달라고 사천왕을 향해 합장하고 대웅전으로 가는 계단에 발을 올렸다.

마당에서 올라서니 법당에서 번져 나오는 향 타는 냄새가 사찰을 휘감아 돌았다. 반쯤 열린 문 사이로 하얀 머리에 등 굽은 할머니가 연신 허리를 굽혔다 펴기를 반복했다. 바라고 원하는 것이 무엇이기에, 정성껏 절하는 노모를 보면서 어머니 얼굴이 겹쳤다.

적천사는 은행나무와 더불어 국보급 문화재가 있다. 불교 행사가 있을 때마다 탱화를 매달았던 대웅전 마당의 석조 지주와 괘불탱이 보물 1,432호로 지정되었다. 괘불탱은 숙종 대에 상린, 지영, 혜웅 등 여러 승려가 그린 불화로 유명하다. 가로 5.27m 세로 12.55m로 자비의 화신인 관세음보살이 머리에 보관寶冠을 쓰고 오른 어깨로 비껴 연꽃 가지를 두 손으로 받쳐 들고, 연꽃 대좌 위에 당당하게 서 있는 거대한 그림이다. 해마다 부처님 오신 날이면 법당 앞에 괘불탱을 내걸고 법회를 한다는데 코로나19가 이곳에도 비켜 가지는 못했다. 지난해 괘불탱을 만나러 부처님 오신 날을 맞춰 왔었는데 코로나19가 창궐하면서 모든 행사가 취소되었다. 올해도 마찬가지로 절집에 오는 사람마다 체온 측정을 하고 다녀간 기록을 남겼지만 사람이 많이 모인다는 이유로 석가탄신일 법회는 열리지 않았다.

깊은 산골에 인기척이라고는 멧새 소리뿐, 고요한 절집에 지나가는 바람이 처마 밑에 달린 풍경을 흔들어댄다. 적천사 대웅전 안은 서늘했다. 석가여래불을 중심으로 양옆에는 약사 여래상과 아미타 여래좌상이 온화한 미소를 머금고 오는 사람 모두를 반겼다. 수많은 사람이 삼존불 앞에서 마음속에 담아 두었던 소원을 빌고 또 빌었으리라. 대웅전 마당에서 본 백발의 할머니는 여전히 그 자리에 머물러 있었다. 염주를 돌리며 법당 한쪽에 수굿이 앉아 있었다. 나는 발뒤꿈치를 들고 조용히 불상 앞으로 걸어가 향 하나를 꺼냈다. 향에 불을 붙인 다음 정성을 담아 예를 올리고 밖으로 나왔다. 대웅전에서 나오니 돌 거북 입에서 토해내듯 끊임없이 물이 흘러나왔다. 치솟는 차가운 샘물을 한 바가지 떠서 벌컥 들이켜니 목을 타고 넘어가는 순간 싸늘한 청량함이 심장까지 짜릿하게 전해왔다.

오월의 땡볕은 강렬했다. 다행히도 사찰 주변에는 아름드리나무가 숲을 이루고 있었다. 나무 사이에서 불어오는 신선한 바람은 등줄기에 흐르는 땀을 식혀 주었다. 적천사 경내를 한 바퀴 도는 데는 그리 오랜 시간이 걸리지 않았다. 마지막 발걸음은 들어올 때 마주친 천년을 살아온 은행나무로 향했다. 하늘을 향해 뻗은 은행나무를 양팔 벌려 껴안았다. 잠시 건강과 안녕을 기원하며 사찰을 빠져나왔다.

초보 심마니

은행잎이 샛노랗게 물들었다. 솔솔 불어오는 갈바람에 노란 잎은 우수수 쏟아진다. 가을이 되니 생각이 많아진다. 인생은 두 번다시 되돌릴 수 없다는 것을 알면서도 지나간 시간에 아쉬움과 그리움이 가득하다. 여름날 뜨겁던 태양은 어디로 달아났는지 나뭇잎 떨어지는 소리에 마음마저 움츠러든다.

결실의 계절 가을, 먹거리가 풍성하다. 발갛게 물든 사과며 감, 대추 등 오색 과일들이 제철을 만났다. 그중에서 가을에는 도토리묵을 빼놓을 수가 없다. 도토리묵은 체내 노폐물 및 중금속 배출에 탁월한 효과가 있다고 한다. 다람쥐를 비롯한 야생동물의 식량이기도 한 도토리는 사람의 손길이 닿는 곳이면 한 톨도 남아있지 않다. 어릴 적부터 도토리가 떨어져 있으면 줍는 버릇이 지금까지 이어져 오고 있다. 산길을 걷다 도토리가 보이면 습관적으로 줍는다.

어느 해 가을이었다. 그날도 일찍 일어나 도토리를 주우러 갔다. 오랫동안 산에 다니며 봐 온 터라 어느 산에 무엇이 있는지 꿰뚫고 있다. 그날도 어둠이 채 가시기 전에 산에 도착했다. 내가 가는 곳은 구월 초면 도토리가 익어 나무에서 떨어진다. 까맣게 널린 도토리를 정신없이 줍고 있는데 파리 날아다니는 소리가 귓전에 맴돌았다. 줍는 일을 잠시 멈추고 자세히 보니 먼발치에 땅벌집이 있었다. 좁은 구멍에서 많은 벌이 들락거렸다.

벌에 쏘이는 일도 있었다. 한동안 심마니에 심취한 때가 있었다. 지인 둘과 오랫동안 등산을 다녔다. 그러던 중 한 지인이 산 정상에 오르기보다는 약초 캐는 것이 어떠냐고 제안했다. 주말이 되면 영주, 봉화, 예천 등 인삼밭이 있는 근처 산을 올랐다. 산 들머리에서 하루 산행을 무탈하게 해 달라고 간단한 고사를 지내며 셋이서 나름대로는 재미가 있었다. 산에 가면 빈손으로 오지는 않았다. 봄에는 곤드레, 어수리, 곰취를 채취하고, 여름과 가을에는 도라지, 더덕, 잔대 같은 것을 배낭에 넣어왔다. 영주에 있는 깊은 산과 영양 일월산 줄기에서 산삼을 캐기도 했다.

하루는 예천 어느 산에 올랐다. 산세가 높고 계곡이 깊어 아름드리 떡갈나무 사이로 불어오는 선선한 바람을 맞으며 산길을 걸었다. 위로 오를수록 더덕 향이 진동하며 군락을 이루고 있었다. 줄기가 가는 것은 더 자라게 두고 굵은 것만 골라 채취했다. 두 눈을 부릅뜨고 산삼이 있는지 둘러보며 가는데 앞서가던 사람이 따라오지 말라고 고함을 질렀다.

어찌하다 땅벌 집을 건드린 것이었다. 빠른 몸놀림으로 킬라를 뿌리고 그곳에서 벗어나려고 했지만, 이놈의 땅벌은 떼를 지어 끈질기게 따라붙었다. 웽웽거리며 따라오는 벌을 수단과 방법을 다해 겨우 쫓았다. 다행히 나와 또 다른 지인은 멀찌감치 달아나 벌에 쏘이지는 않았는데 벌집 건드린 사람은 킬라를 뿌려도 몇 군데 쏘였다. 팔이나 손등에 쏘인 것은 그렇다 치더라도 땅벌이 바지속으로 파고들어 낭심을 공격했다.

우리는 급한 대로 계곡으로 내려가 옷을 벗었다. 이런 상황에서 웃으면 안 되는데 참을 수가 없었다. 그 사이에 낭심이 부풀어 변강쇠가 되어 있었다. 벌에 쏘인 사람도, 쏘이지 않은 둘도 산이 떠나가도록 크게 웃었다. 우리는 심산유곡 차가운 물에 몸을 담갔다. 걱정스러운 마음에 "아푸나, 괘안나."를 반복했다. 벌에 쏘인 지인의 대답이 더 가관이었다. "찬물에 담가 있으니 통증이 쪼매 덜하다."라고 해 안심이 되면서도 웃음을 참지 못했다. 벌에 쏘인 그는 일주일 넘게 낭심에 부기가 빠지지 않았다고 했다. 그런 일이 있고 보름 후 다시 그 산을 찾았다. 산등성이 가까이 올랐는데 그곳에 장뇌삼이 심겨있어 별도리 없이 다른 산으로 옮겼다.

다시 가을이 돌아왔다. 산은 불타오르듯 벌겋게 물들어 간다. 산에서는 어서 올라오라고 손짓하는데 난 갈 수가 없다. 젊은 날 겁없이 산에 다니다 무릎 상태가 좋지 않다. 그렇지만 아프기 전에 재미있고 즐겁게 다닌 기억을 회상하며 이 가을을 즐기고 있다.

초여름의 숲

    희끄무레한 오후. 친구와 산에 가기 위해 집을 나섰다. 지난가을부터 시작된 가뭄은 올여름까지 이어져 물 때문에 난리다. 한창 수분 공급을 받아야 할 시기에 비가 오지 않으니 나뭇잎마저 시들해져 버렸다. 발걸음을 한 발씩 옮길 때마다 땅에서 올라오는 황토색 먼지는 덤프트럭이 지나가는 것같이 요동을 친다.

    에움길로 돌아드니 얼굴에 뭔가 부딪쳤다. 여태껏 감감무소식이었던 비가 한두 방울씩 떨어졌다. 조금 전까지만 해도 멀쩡하던 하늘에서 빗방울이 떨어지는 것이 반갑기는 했지만, 하필이면 내가 산에 오르려는 시간에 시작되니 황당하다. 잠시 갈등하다 설령 소나기가 내린다고 해도 흠뻑 맞을 각오로 울창한 숲속으로 들어갔다.

산속에는 숨이 막힐 정도로 싱그러움이 가득 찼다. 변덕이 죽 끓듯이 하는 하늘인가 보다. 강렬한 햇살이 비를 죄다 앗아 가버렸는지 흔적도 없이 사라졌다. 바람 한 점 없는 후덥지근한 기온에 온몸을 땀으로 적셨다. 힘차게 내딛는 발걸음에 놀란 장끼는 청아한 웃음소리를 뿌리며 반대편 산을 향해 솟아올랐다. 기다리던 비를 대신해 이마에서 소낙비 못지않은 굵은 땀이 뚝뚝 떨어졌다. 갈 길은 아직 까마득한데 숲에서 뿜어 나오는 향기는 나의 코끝을 간질이며 발목을 잡았다.

자연훼손이 갈수록 심각하다. 자신들이 편리한 대로 걸으니 산에는 여러 갈래로 길이 만들어졌다. 한쪽에는 자연을 보호하자는 현수막이 매달려있지만 글귀와는 아랑곳없이 각자 발길 닿는 대로 가고 있었다. 이대로 계속 이어진다면 멀지 않은 날에 나무들은 말라 죽고 말 것이다. 수십 년은 족히 넘어 보이는 나무가 군데마다 살갗이 벗겨져 속살을 훤히 드러내고 있었다. 굵은 혈관은 오가는 사람의 발길에 걷어차이고 경사진 곳에는 톱으로 잘리는 아픔도 겪었다. 청설모의 짓인지 발가벗은 나무가 끈끈한 진액을 흘리며 살기 위해 몸부림치는 모습이 안타깝기 그지없었다.

한때는 산림녹화를 위해 부지런히 나무를 심었다. 반백 년 전만해도 마을 근처에 있는 산은 모두 민둥산에 가까웠다. 해마다 식목일이면 나무를 심어도 소용이 없었다. 나무로 연료를 사용하다 보니 어쩔 수 없었으리라. 당시에 산림공무원이 땔감을 하지 못하게 감시하기도 했다. 어느 날 전기가 들어오고 가스가 공급되고부터는 푸른 산으로 변해갔다.

뻐꾹새가 들려주는 정겨운 노랫소리를 들으며 달빛 아래 구름이 흘러가듯 유유히 산꼭대기에 올랐다. 습도가 높아 땀을 연신 훔쳐도 소용이 없었다. 그나마 다행인 것은 지루하지 않을 거리에 야생화가 피어 있었다. 은은한 향기를 뿌리는 밤꽃이 곳곳에 자리하고 있고, 화려함을 뽐내는 진보라색의 엉겅퀴도 무리를 지어 피어 산행의 고단함을 달래 주었다.

술 한 잔의 여유, 산꼭대기에 올라 마시는 술 한 모금은 맛있었다. 골짜기에서 치달아 오르는 시원한 바람은 등줄기를 오싹하게 하였다. 더구나 마음이 통하는 벗과 함께한다는 것은 술맛을 한층 더 짜릿하게 했다. 몇 모금 마시지도 않았는데 취기가 돌았다. 주위를 둘러싸고 있는 풍광이 한 폭의 산수화와 다름없는 분위기에 심취해 우리는 한참이나 그 자리를 떠날 줄 몰랐다.

친구는 오솔길과 같다고 했다. 오솔길은 자주 오가지 않으면 낙엽이 쌓이고 잡풀이 우거져 끝내 길은 없어지기 마련이다. 친구도 마찬가지다. 예전에 그토록 다정다감하던 이도 만나는 횟수가 뜸해지면 소원해지기 마련이다. 멀리 있는 친척보다 가까운 이웃이 좋다고 하듯이, 지금 내 옆에 있는 사람이 어쩌면 제일 다정한 사이가 아닐까 한다.

내려가는 길은 호젓한 길을 선택했다. 아름드리 소나무를 머리에 이고 콧노래를 흥얼거리며 자연 속에 빠져 헤어날 줄 몰랐다. 나무가 드문 좁다란 길에는 상큼한 풀 냄새가 진동했다. 끝없이 이어지는 길을 따라 우리는 약속이나 한 듯 쉬엄쉬엄 걸었다. 앞서가는 나를 조롱이라도 하듯 다람쥐 한 마리가 야살스럽게 꼬리를 흔들며 앞길을 막았다. 우거진 나뭇잎 사이로 잉걸불 땡볕이 나의 머리 위에서 잠시 맴돌았다. 그날따라 햇빛이 그다지 싫지는 않았다. 취기가 주는 평화로움이 마음조차 넉넉하게 해 주었기 때문이다.

너그러움도 잠시뿐이었다. 숲에서 빠져나오는 순간 태양은 기다렸다는 듯이 살 속을 파고들었다. 잔뜩 달아오른 아스팔트를 걸으며 지나온 인생길을 되돌아보았다. 삶이 거칠고 힘들었던 기억보다는 내가 아닌 다른 사람으로 행복했던 일들이 머릿속을 가득 채웠다.

세상의 길은 여러 갈래로 나 있었다. 그중에 어느 길로 가느냐가 자신의 직업이 되고 인생의 항로가 되기도 했다. 이제 와 생각해보니 가끔은 아무도 가지 않은 길을 가보는 것도 나쁘지는 않을 것 같다.

멀쩡한 하늘에 날벼락은 당연히 없었다. 비 오는 것이 두려워 등산을 포기했더라면 크게 후회할 뻔했다. 집으로 돌아오는 길은 근심 없는 해맑은 보름달이 나의 앞길을 훤히 비추고 있었다.

추억 속으로 여행-다시 찾은 지리산

파란 하늘이다. 코끝을 스치는 상쾌한 가을바람은 배낭을 메고 어디론가 떠나고 싶은 충동을 일으킨다. 해마다 이맘때가 되면 잊히지 않는 추억으로 마음이 설렌다. 처음 가 본 지리산 풍광은 아직도 기억에 또렷이 남아있다.

많은 시간이 지났다. 이십대 초반, 가까이 모시던 스님이 가을쯤에 지리산에 가보지 않겠느냐는 제안을 했다. 지금까지 책에서만 보았던 지리산이기에 그날이 오기만을 기다렸다. 햇살 좋은 가을 어느 날, 드디어 그날이 왔다. 스님과 단출하게 산청군 시천면 중산리 지리산 자락으로 출발했다. 스님은 대여섯 살 때부터 이곳 어느 암자에서 승려가 되기 위한 공부를 시작했단다. 본인도 옛 기억을 더듬어 수행했던 곳을 둘러보고 싶다고 했다.

처음 도착한 곳은 넓은 개울가에 자리한 사찰이었다. 일주문에 들어서자 스님 한 분이 마중을 나와 우리를 반겼다. 둘은 반가웠는지 그 자리에서 오랫동안 대화를 나누었다. 한참 후에야 스님이 자신의 제자라며 마중 나온 스님에게 나를 소개했다. 절터는 넓으면서도 건물은 아담하게 지어져 있었다. 사찰임에도 웅장함보다는 흐트러짐 없이 꾸며진 종갓집 같은 느낌이 들었다. 그곳에서 하룻밤을 보내고 다음 날 새벽 천왕봉으로 출발했다. 캄캄한 길을 오르다 보니 멀리서 붉은 서광이 서서히 올라온다.

얼마나 걸었을까, 새벽에 출발했는데 해는 중천에 떠 있다. 스님은 자신이 수행한 곳이 이 부근이라며 찾아보자고 했다. 길은 없어지고 잡목만 우거진 곳을 헤치고 간 곳은 커다란 바위 몇 개가 우뚝 솟아 있었다. 가까이 다가가 보니 바위를 조각해서 벼루를 만들어 놓았다. 곳곳에는 한시漢詩 구절도 새겨 놓았다. 그보다 더 놀란 것은 바위에 올라 지리산 전체를 보는 것이다. 아무 생각 없이 바위 꼭대기에 올라 밑을 내려다보는 순간, 발아래로 천길 낭떠러지에 자욱한 운무가 내려와 구름 위에 올라앉은 기분이었다.

처음으로 천왕봉에 올랐다. 산 전체가 눈이 부시도록 아름다웠다. 머리 위에는 조각 구름이 지나갔다가 다시 파란 하늘이 보이는가 하더니 간간이 는개까지 흩날렸다. 내려오는 길은 좁다란 길로 접어들었다. 아무도 지나가지 않았던 길을 걷는 기분이었다.

길을 따라 걸으니 기암괴석과 붉게 물든 단풍들이 발걸음을 멈추게 했다. 쉬엄쉬엄 걷다 보니 해는 저물어 갔다. 제법 어두워질 무렵이 되어서야 희미하게 보이는 암자가 나타났다. 그곳에 도착했을 때 나는 이미 지쳐 버렸다. 암자에는 노스님 한 분만 살고 있었다. 반가워 어쩔 줄 모르는 노승은 동행한 스님의 스승이었다. 그 와중에 난 어디라도 눕고 싶다는 생각밖에 없었다. 호롱불 아래에서 저녁을 먹은 후 꿀물 한 사발이 수면제가 되어 그길로 곯아떨어져 깊은 잠에 빠졌다.

다시 찾은 지리산, 기억 속에 그리던 그곳을 다시 가고 싶은 생각은 늘 하고 있었다. 그러나 마음대로 되지 않았다. 스님께 한 번 더 가자고 했지만 그때마다 다른 일들이 겹쳤다. 그 후로 산악회에서 지리산은 몇 번이나 다녀왔다. 단체로 갔기에 예전 그 자리는 마음에만 담아 두었다. 그러다 몇 해 전 벼르고 별러 친구와 함께 그 장소를 답사해보기로 했다.

넓은 개울가에 있던 사찰은 어딘지 도저히 찾을 수가 없었다. 내천사를 찾아가 보았지만 옛날 그 사찰은 아니었다. 사찰 이름이 비슷한 곳을 가 보아도 예전 그곳은 아닌 것 같았다. 냇가 위치도 분간할 수 없게 많이 변해 버렸다. 다시 찾아뵙고 싶었던 스님이었는데 아쉬움만 남기고 산으로 발길을 돌렸다.

천왕봉 가는 길은 정비가 되어 계단으로 만들어졌다. 7부 능선

쯤에 어디인지 모를 바위에 올라 지리산을 봤던 것이 항상 마음에 남아 그쪽으로 가 보기로 했다. 길 찾기가 쉽지 않았다. 잘못 접어들어 몇 번이고 되돌아 나오기를 반복하다 겨우 조릿대 숲을 헤치고 바위를 찾았다. 다행히 그곳은 아직 사람의 흔적이 없었다. 법계사와 천왕봉이 직선으로 보이고 아래로는 광활한 산들이 끝없이 이어져 가고 있었다. 그 자리에 다시 올라서 보니 지리산은 역시 아름다웠다. 오래전 기억을 회상하며 한참이나 거기에 머물렀다. 해 질 무렵에 도착했던 암자는 가는 길조차 찾을 수가 없어 곧장 내려왔다.

지리산은 그 자리에 있는데 변한 것은 사람뿐이다. 동행했던 스님은 아흔을 넘겼다. 지리산 답사기를 들려주었더니 스님도 감회에 젖은 듯 입을 열었다. 내천사에 계셨던 스님은 오래전에 돌아가셨고 저녁 늦게 찾은 암자에 있던 스님 역시 이 세상 사람이 아니라 했다. 암자 또한 거처할 사람이 없어 허물어져 흔적만 미미하게 남아 있다고 했다. 그리고 보니 그때 청년같이 보였던 사람들도 지금 고인이 된 분도 몇이나 된다. 그 틈에 나도 함께 늙어 가고 있다. 나이가 들수록 추억들이 그리울 때가 많다. 그때 시절로 다시 돌아가고 싶지만 이미 멀리 와 버린 것을 어찌하면 좋을까.

강이 빚어낸 자연환경

언제부터 형성되었는지 알 수는 없다. 아마도 하늘과 땅이 갈리면서 시작되지 않았나 싶다. 시간이 흐르면서 계절마다 찾아오는 동식물의 보금자리이자 철새 도래지가 되었다. 수천 년 동안 조용하던 이곳에도 근래 와서 개발이라는 그럴듯한 명분을 앞세워 기계 엔진 소음과 사람들의 발길이 점점 늘어나고 있다.

낙동강과 금호강이 합류하는 곳, 그곳에는 거대한 늪이 있다. 바로 달성습지이다. 오랜 세월 강물에 휩쓸려 떠내려온 퇴적물이 쌓이고 쌓여 습지가 만들어졌다. 여기에는 고라니, 오소리, 멧돼지 등 야생동물이 살고 있는가 하면 이백여 종이 넘는 식물이 자라고 있다. 환경부와 산림청에서 희귀식물로 지정한 거지덩굴이 군락을 이루고 있다. 줄기 끝이 낙지다리처럼 가지가 사방으로 갈라졌다고 해서 붙여진 낙지다리 식물과 수생식물인 흑삼릉이 계절에 맞춰 꽃을 피운다.

이뿐만 아니다. 이른 봄에 피는 복수초를 비롯해 얼레지, 바람꽃 등 헤아릴 수 없는 풀들이 새파랗게 돋아나 연둣빛 아름다움을 연출한다. 여름에는 뭐니 해도 짙푸른 숲이다. 가을에는 억새가 꽃을 피워 은색 물결을 이루고 습지에서 자란 나무는 단풍으로 갈무리한다. 겨울이면 눈 내린 습지에 가창오리가 먹이를 찾아 떼를 지어 날아다닌다.

예전에 달성습지 부근 대명 유수지에 답사를 간 적이 있다. 이곳은 맹꽁이 서식지로 유명하다. 대명 유수지는 삼십여 년 전에 대구 성서공단 조성에 따라 진천천과 대명천이 범람할 경우를 대비해 임시로 물을 가두기 위해 조성됐다. 4대강 사업으로 고령 강정보가 만들어지면서 대명 유수지는 저지대로 바뀌어 일 년 내내 물이 고여 있다. 그러다 보니 우연찮게 두꺼비와 개구리, 맹꽁이가 살게 되었다. 여름 장마철이면 봄에 낳은 맹꽁이 알이 부화해 수십만 마리가 인근 달성습지로 이동하는 모습을 연출한다. 징그럽도록 새까맣게 기어가는 새끼 맹꽁이에 발 디딜 틈조차 없어 어디에 걸음을 옮겨야 할지 고민되기도 했다.

이런 와중에 새끼 맹꽁이를 노리는 무리가 있으니 바로 뱀이다. 달성습지에는 까치살무사, 능구렁이, 유혈목이 등 여러 종의 뱀이 집단으로 똬리를 틀고 터줏대감 노릇을 하고 있다. 장맛비로 습지에 물이 차오르면 뱀은 본능적으로 밖으로 나오기 마련이다. 부근에 있는 대명 유수지 둑으로 몸을 말리러 올라온 뱀은 맹꽁이와 마주치게 된다. 이때 뱀은 횡재를 만난 셈이다. 어린아이가 맛있는 과자를 한입에 쏙 넣듯이 새끼 맹꽁이를 단숨에 쏙쏙 빨아들인다. 맹꽁이 보호를 위해 방충망 설치 등 여러 방법을 써보지만 워낙 많이 쏟아지니 어쩔 수 없는 모양이다.

4대강이 개발되고부터 주말이면 자전거를 타고 달성습지로 간다. 도시철도 대곡역에서 강정보로 가는 자전거 길이 아주 잘 되어있다. 이 길을 쌍룡 녹색길이라 부르는데 아스팔트가 아닌 굵은 모래로 다져진 길이다. 길섶에는 계절마다 어울리는 꽃을 심어 걷기나 자전거를 타는 사람의 눈을 즐겁게 해 준다. 특히 가을에는 키 큰 코스모스가 꽃이 피워 하늘거리는 모습이 아주 멋스럽게 보인다. 억새가 어우러지고 가을의 향기로움이 가슴으로 파고들면 자전거 페달 밟는 다리에 힘이 절로 솟아난다.

모두 좋은 것만은 아니다. 사람의 편리를 위해 자연환경을 훼손시키고 있다. 몇 해 전부터 달성습지 부근 대구 4차 순환선, 달서구 대천동에서 경북 칠곡군 지천면으로 이어지는 산업도로가 만들어졌다. 대명 유수지 옆으로 백여 미터 넘게 심어진 메타세쿼이아 나무도 다른 곳으로 옮겨졌다. 2011년 대구의 아름다운 거리로 선정되었지만 도로를 넓힌다는 이유로 세 줄로 심겨있던 나무가 지금은 한 줄만 남아있다. 나머지는 부근 공원에 옮겨 두었다는데 원상 복구는 어려울 것 같다.

또 다른 문제는 가시박이다. 가시박은 넝쿨 식물로 생명력이 아주 강하다. 북아메리카가 원산지로 우리나라에 들어온 지는 삼십여 년이 넘었다. 처음 들여온 목적은 오이 접목용이었으나 실패한 모양이다. 이것이 강과 하천으로 넘어가 삽시간에 전국으로 번지게 되었다. 다른 곳에는 가보지 않아 잘 모르지만 낙동강 주변은 가시박으로 뒤덮였다. 사문진 나루터에서 달성보까지 이어지는 자전거 길섶에는 가시박 줄기가 끝없이 이어져 있다.

달성습지에도 예외는 아니었다. 크고 작은 나무마다 가시박 줄기가 올라가 휘휘 감고 있었다. 어떤 나무는 가시박 넝쿨이 지붕처럼 뒤덮어 숨을 쉬지 못해 말라죽은 것도 있었다. 예전부터 가시박 제거를 해 보았지만 효과는 미미했다. 번식력이 워낙 왕성하다 보니 이른 봄에 막 올라오는 어린 싹을 뽑아도 며칠 후면 다시 무리를 지어 돋아나고는 한다. 그럼에도 우리는 천혜의 자연환경인 달성습지를 보존하기 위해서 부단한 노력을 해야 한다. 가시박뿐만 아니라 생태계 질서를 어지럽히는 동식물의 침입을 막아야 습지가 오래도록 건강할 수 있다. 강이 만들어준 아름다운 습지, 달성습지를 자연 그대로 보존하기 위해서는 우리 모두의 노력이 필요하다.

가을로 가는 길목에는

생각만으로도 지긋지긋하다. 불볕더위와 열대야. 지난여름 많은 사람을 고달프게 했던 단어들이다. 끝이 보이지 않던 여름도 계절 변화에는 어쩔 수 없었는지 뒷걸음질한다. 그 틈을 이용해 한 줄기 선선한 바람을 등에 지고 호젓한 산길을 오른다.

일요일 아침, 집 가까이 사는 친구로부터 특별한 일이 없으면 산에 가자는 연락이 왔다. 생각해 볼 겨를도 없이 당장 가자며 집을 나섰다. 몇 달 만에 올라보는 산인가. 기분이 좋아 흥겨운 노래가 저절로 흘러나왔다. 넘어지면 코 닿을 위치에 있는 산이지만 한동안 발길을 옮기기가 쉽지 않았다. 여름 내내 낮에는 찜통더위, 밤에는 열대야로 몸살을 앓았기 때문이다. 그때는 산에 갈 엄두조차 내지 못하고 오로지 에어컨, 선풍기만 껴안고 살았다.

가벼운 발걸음이 산길을 재촉했다. 우거진 숲 사이로 간간이 보이는 쪽빛 하늘은 구름 한 점 없이 투명하게 얼굴을 내밀었다. 아직은 여름이 완전히 물러나지 않았는지 얼마 걷지도 않았는데 얼굴에는 땀이 줄줄 흘렀다. 산 위로 올라갈수록 시원한 갈바람이 마음까지 푸르게 해 주었다.

가을로 가는 길목에 싱그러운 햇살과 함께했다. 짙푸름을 자랑하며 길섶에 자리한 억새는 기세등등하게 삐쭉삐쭉 은빛 꽃대를 올렸다. 이른 봄에 산모롱이에서 하얀 꽃으로 눈과 코를 즐겁게 해 주었던 아카시아 잎도 누르스름하게 물들어가고 있었다. 소나무 우듬지에 올라앉은 매미는 가는 여름이 아쉬운 듯 목청껏 노래를 부르고, 서늘한 바람으로 가을이 무르익어 간다는 것을 느낄 수 있었다.

봄은 땅에서부터 시작되고 가을은 하늘에서 내려온다. 나는 가을을 맞으러 하늘과 가장 가까운 산꼭대기에 올라섰다. 위에서 내려다본 세상은 넓디넓기만 하다. 크고 작은 산들이 끝없이 이어져 있고 풍년을 예약하듯 들녘의 벼가 누렇게 물들어 간다. 이래서 가을은 결실의 계절이라 하는가 보다. 주변을 둘러보니 구절초가 무리를 지어 피었다. 구절초 꽃이 피기까지는 온갖 풍상을 겪는다. 여름에는 뙤약볕에 시달리고 태풍이 불 때는 뿌리까지 흔들리는 고초를 겪어야만 했다. 이뿐이랴, 모든 식물이 모진 비바람에서 견디어 꽃을 피우고 열매를 맺었으리라.

　가을로 가는 문턱은 그리 높지 않았다. 여름과 가을을 이어주는 미묘한 연결고리가 있다. 선선한 바람이 불어온다는 처서이다. 처서를 기점으로 더위는 점점 설 곳을 잃어가고 그 자리에는 가을이 차지한다. 폭염과 열대야로 광기를 부리던 날은 멀어지고 높은 하늘과 낮은 구름, 코스모스, 국화 등 향기로운 가을꽃이 주인공이 된다.

　가을의 전령사 수크령이 흑자색의 꽃을 피웠다. 밤잠을 설치게 했던 날들은 언제 그런 일이 있었는지 모를 정도로 기온이 내려갔다. 산 위에는 벌써 가을이 시작되었다. 가을이 깊어지면 샛노란 들국화도 산과 들을 누비며 자신의 존재감을 드러낸다.

2
엄마야 누나야

도리깨질

달궈진 태양이 열기를 뿜어낸다. 오뉴월 누렇게 익은 보리는 가늘게 불어오는 바람에 넘실거린다. 보리타작할 때가 가까워졌는지 아버지께서는 도리깨를 손질하고 계신다. 철없는 나는 처마 밑에 둥지를 튼 새끼 제비를 보느라 정신이 없다.

이 땅에 보리가 자취를 감춘 지가 오래다. 요즘은 보리밭 보기가 어렵다. 산업구조가 바뀌면서 보리 심을 논과 밭에는 거대한 공업단지가 그 자리를 차지했다. 보리는 이른 봄이면 들판을 새파랗게 물들였다가 유월이면 황금빛으로 반짝이었다. 보리 재배를 많이 한 까닭인지 경상도 사람은 "보리 문디"라는 애칭도 있다. 옛날이야기가 되어버린 보릿고개, 어느 가수의 노랫말처럼 주린 배 잡고 물 한 바가지 마시며 춘궁기를 근근이 넘겼던 시절. 그 보릿

고개는 이제 오래전 이야기가 되었다. 보리를 보면 아득히 멀어져 간 보리타작 생각이 스멀스멀 다가온다.

기억 주머니를 새삼스레 열어본다. 절기로 망종이 지나면 보리 베기를 시작한다. 보리 베는 초여름도 덥기는 한여름 못지않았다. 뜨거운 태양 아래 보리를 베어 집으로 옮기면 이때부터 비지땀을 흘려야 했다. 보리타작은 기계 없이 도리깨로 이삭을 두들겼다. 바깥마당에다 다붓다붓 널어놓은 보리를 도리깨질하여 이삭을 떨어낸다.

일하기 편해서 그랬는지, 식량으로 사용할 보리를 신발을 신고 밟으면 부정을 탄다고 그랬는지는 모르겠지만 아버지께서는 도리깨질할 때는 늘 맨발이셨다. 여남은 살 무렵, 아버지께서 도리깨질하는 것이 재미있게 보여 나도 한번 해보겠다고 했다. 아버지께서는 사용하시던 도리깨를 내 손에 넘겨주셨다. 잠시 지켜보시더니 생각보다는 잘하는지 헛간으로 가서 작은 도리깨 하나를 들고 나오셨다. 내 키보다 조금 큰 도리깨였는데, 처음에는 엇박자로 돌려 보리 이삭에 잘 맞지 않았다. 몇 번을 반복해서 돌려 보니 요령이 생겼다. 도리깨를 쥔 오른팔을 귀 쪽으로 붙이고 똑바로 세워 돌리니 한층 수월하게 돌아갔다.

내가 좋아서 한 일이 멍에가 되었다. 한번 시작한 일은 백 년 원수가 된다더니 이때부터 나의 고통은 시작되었다. 아버지께서는 나를 두고 도리깨질을 잘한다며 칭찬을 아끼지 않았다. 아무것도 모를 때는 신기하고 흥이 났지만 시간이 지나니 팔이 아파졌다. 잠시 쉬려면 아버지께서는 하던 것을 마저 하고 쉬라고 하셨다. 그 이후로 보리타작이나 밀 타작으로 도리깨질 할 일이 생기면 나보고 하라며 채근하셨다.

지난 어버이날에 형제들이 모였다. 바깥 음식도 좋지마는 코로나19로 조심스럽기도 하고 연로하신 어머니가 계시기에 큰형님 집에 모이기로 했다. 형제들이 모이면 항상 하는 얘기가 있다. 자라면서 자신이 농사일을 제일 많이 했고 고생도 많았다는 내용이다. 큰형님은 맏이로서 책임감 때문에, 큰누님은 농번기에 들일 나가신 엄마를 대신해 밥하고 동생 챙기는 일에, 작은형님은 형은 맏이라 시키지 않고 자질구레한 일은 본인이 도맡아 했고, 작은누님도 자신의 고달팠던 일로 목소리를 높였다. 그럼 나는 막내라고 아무것도 하지 않았단 말인가. 그때의 고생스러웠던 삶이 지금에 와서 웃으며 얘기 나눌 수 있는 것은 모두가 열심히 살았다는 증거이다.

내 의지와 상관없이 세월은 가고 또 온다. 지나버린 시간이라 그런지 내가 힘들게 살았던 생각은 그다지 떠오르지 않는다. 단지 어릴 때 보리타작으로 도리깨를 잘 못 돌려 내 몸을 후려쳤던 일과, 소 풀 뜯다 낫으로 손가락을 벤 일은 여전히 기억에서 지워지지 않는다. 그 상흔으로 지금도 왼손가락마다 낫으로 벤 자국이 선명히 남아 있다. 이런 일은 두고두고 잘했다는 생각이 든다. 비록 사소하고 미미한 것이지만 칠팔월 뙤약볕을 피해 낮잠 자는 고라니에게 살금살금 다가가 목 조르다 놓아준 일. 한때는 새벽에 일어나 텃밭 채소를 길러 지인에게 나눠주던 일은 지금도 보람으로 기억된다.

다시 유월이 돌아왔다. 예나 지금이나 태양은 여전히 따갑다. 먹기 싫었던 보리밥은 이제 건강식으로 탈바꿈했다. 어린 나이에 쨍쨍한 햇볕 아래 도리깨질하던 그날이 선하게 다가온다.

추억의 옥수수

구수한 냄새가 솔솔 번져 나온다. 가던 길을 멈추고 주변을 둘러보니 시장 모퉁이에 아주머니 한 분이 옥수수를 찌고 있다. 김이 뭉실뭉실 올라오는 큼직한 백철 솥 안에는 윤기가 졸졸 흐르는 노란빛 옥수수가 가득 담겨 있다. 어릴 때 맛있게 먹었던 것을 생각하며 옥수수 하나를 손에 들었다.

옥수수 계절은 여름이다. 이른 봄, 감자를 심은 밭둑에 옥수수 낱알 서너 알을 줄지어 넣었다. 하지가 다가오면 감자를 수확하고 그 자리에 다시 고추를 심었다. 작물은 바뀌었어도 밭둑에 심은 옥수수는 여전히 자리를 지키고 있다. 여름 방학할 무렵이면 우뚝 자란 옥수숫대에 팔뚝만큼 큰 열매가 노랗게 물들었다. 어머니는 아침이면 옥수수 서너 개를 꺾어 와서 가마솥에 같이 넣어 아침밥을 지었다. 밥숟가락 놓기가 바쁘게 내 손에는 옥수수가 들려 있었다.

육십 년대 중반쯤이었다. 우리 동네에 젖소 목장이 들어섰다. 당시에 어떤 국회의원이 경제개발 5개년 계획 1단계로 우유를 확보하기 위해서 목장을 지었다. 우리는 처음 보는 젖소며 젖을 짜는 모습이 신기해 매일 목장에 놀러 갔다. 백 마리가 넘는 젖소를 관리하는 일꾼이 열 명이 넘었다. 우리가 놀러 갈 때마다 금방 짜낸 우유를 펄펄 끓여 마시라고 한 컵씩 주었다. 목장이 들어오고 농사만 짓던 마을 사람들은 매일같이 목장에 일하러 갔다. 남자들은 소먹이 풀을 하고 아낙네들은 옥수수밭에 풀을 뽑았다. 옥수수가 어느 정도 자라면 아이들의 놀이터가 되었다. 위로 우뚝 솟은 옥수숫대 사이로 숨바꼭질하고 골마다 자란 어린 풀은 집에 매어둔 소 먹잇감으로 아주 좋았다.

넓은 땅에 전부가 옥수수였다. 옥수숫대는 젖소의 겨울철 양식이었다. 옥수수가 익어 가면 사람들은 농사일을 제쳐두고 다시 목장으로 갔다. 요즘같이 기계가 없던 시절이라 하나에서 열까지 모두 사람 손이 필요했다. 옥수숫대를 낫으로 베고 지게로 져다 날랐다. 한군데 모인 것을 잘게 썰어 그 위에 소금을 뿌려 우리가 먹는 김치처럼 만들어 겨울철 먹이로 저장했다. 목장이 있고는 여름이면 매일 옥수수를 삶아 먹었다. 소 사료용으로 심은 옥수수는 지천으로 널려 있었다. 한 소쿠리 꺾어와 매일 먹어도 맛은 좋았다.

옥수수 원산지는 안데스산맥 중심의 중남미라 한다. 우리나라에 들어온 시기는 임진왜란 당시 중국에서 건너왔다. 명나라에서 조선으로 원정을 온 사람 중에 양쯔강 유역 출신들이 비상식량으로 옥수수를 가져와 우리나라에 퍼뜨렸다고 한다. 옥수수라고 붙여진 것은 중국어로 옥초서玉蜀黍인데 우리나라에 들어오면서 부르기 쉽게 변형되었다. 한편으로는 강냉이라고도 하는데 이는 중국 양쯔강 이남에서 들어왔다고, 강남이에서 강냉이로 바뀌었다고 한다.

옥수수와 관련된 기억은 많이 있다. 하루는 옥수수 밭고랑에서 자라는 부드러운 풀을 베러 갔다가 고라니 새끼를 발견했다. 내 발소리에 놀란 어미 고라니는 새끼만 남겨두고 달아났다. 태어난지 이삼 일 정도 되어 보이는 새끼 고라니는 연약한 목소리로 어미를 찾았다. 나는 고라니 울음소리를 듣고 살금살금 다가가 새끼를 부둥켜안았다. 놀란 고라니는 달아나려고 뒷발질을 했는데 하필이면 내 명치에 가격했다. 나는 그 자리에서 고꾸라져 숨을 쉬지 못했다. 급소에 가격당해 한참이나 맥없이 주저앉고 말았다.

십여 년 전부터 재미 삼아 텃밭을 가꾸었다. 여러 과채류를 심어 자급자족하기에 충분했다. 어릴 때 아버지가 하시던 농사법을 보고 밭고랑에 옥수수 씨앗도 넣고 수수도 심었다. 열심히 가꾸었더니 열매도 충실히 열렸다. 여남은 그루 심으니 우리 가족이 먹고도 남았다. 어느 해부터는 요령이 생겼다. 한꺼번에 옥수수 씨를 뿌리지 않고 열흘 주기를 두고 씨를 넣었더니 가을까지 맛있는 옥수수를 따 먹을 수 있었다.

언젠가는 지인이 신품종이라며 검은 옥수수 한 자루를 주었다. 검은 옥수숫대는 그리 크지 않았지만 열매는 한 포기에 서너 개씩 열렸다. 수확해서 먹어보니 달짝지근하면서도 찰옥수수라 맛있었다. 맛이 좋아 지인들에게 한 자루씩 나눠 주었더니 모두 고맙다는 인사를 건넸다. 종자를 개량한 옥수수 몇 가지를 심어 봤지만 내 입맛에는 검은 옥수수가 제일이었다. 그럼에도 지금은 옥수수 심기와 텃밭은 하지 않는다. 원인은 멧돼지다. 서너 해 전부터 부지런히 가꾸어 놓은 농작물을 수확할 때가 다가오면 멧돼지가 몽땅 먹어 치웠다. 옥수수는 멧돼지가 좋아하는 작물 중에 하나다. 고라니도 마찬가지다.

출생이 농촌이다 보니 봄이면 몸이 근질근질하다. 밭작물 하는 사람을 보면 뭘 심느냐며 물어보기도 한다. 한편으로는 나도 씨를 넣어야지 하는 충동이 일어난다. 시장 모퉁이에 김이 모락모락 나는 옥수수 솥을 보면 유년 시절 기억으로 한 자루씩 사 먹고는 한다.

어느날 문득

　가던 길을 멈추고 뒤를 돌아본다. 내가 언제 이만큼 왔나 싶을 정도로 아득한 길을 걸었다. 곰곰이 생각해 보면 평탄한 삶 같으면서 다른 한편으로는 굴곡진 인생길이었다. 살면서 좋은 일이든, 나쁜 일이든 나와 인연을 맺은 사람들은 무수히 많았다. 문득 지나간 날들이 새삼 그리워진다.

　잊고 지냈던 유년 시절 일들이 문득 떠오른다. 겨울철 엄마는 냇가에 썰매 타러 가는 걸 꺼려 했다. 그럼에도 몰래 나가 물에 빠져 옷을 홀랑 적시고도 혼날까 싶어 쉽사리 집에 들어가지 못했던 일, 소 풀 베다 낫에 새끼손가락이 베어 피를 흘리면서 집에 갔던 일, 학창 시절에는 성적이 떨어져 아버지 몰래 성적표에 도장 찍다 들켰던 일, 직장생활에서는 중앙부처 감사에 내가 작성한 서류가 잘못되어 해고당할 뻔한 일, 근래 들어서도 청도 친구 집에 가면서 무궁화호 기차를 타야 하는데 찰나의 실수로 SRT에 올라 울산까지 갔던 일. 그땐 너무 당황이 되고 심각했었지만 돌이켜 보니 헛웃음만 나온다.

망백을 넘긴 엄마 얼굴에 굵직한 밭고랑이 겹겹이 포개졌다. 겨울은 벌써 지났는데 머리에는 하얀 눈이 소복이 쌓였다. 세월의 무게를 감당치 못해 몸은 쇠약해져 뼈만 앙상히 남아 바람 불면 금방이라도 날아갈 것만 같다..

세상에 부모 없는 자식이 어디 있겠는가. 엄마, 아버지, 그 이름만으로도 가슴이 벅차오른다. 억척같이 일만 하다 한평생을 보낸 부모님, 자식들이 모두 성장해 제 자리를 찾고 이젠 허리 펴고 살 만하니 아버지께서는 하늘의 부름을 받아 삼십여 년 전에 무지개다리를 건너가셨다. 엄마는 십여 년 전부터 부정맥이란 심장병을 앓고 있지만 다행히 정정하시다.

요즘은 백세시대라 한다. 오래 사는 것도 좋지만 어떻게 사느냐가 중요하다. 골골거리며 백 세란 말이 있다. 지병이 있어 일찌감치 요양병원으로 간다든지, 거동이 불편해 방 안에서 백 세를 보낸다면 삶의 질은 바닥으로 떨어진다. 나이가 들어도 주변 사람의 도움 없이 건강한 몸으로 가고 싶은 곳이 있으면 언제든 갈 수 있는 노년이 되어야 한다. 음식도 마찬가지다. 늙어서도 튼튼한 치아로 맛있는 음식을 마음대로 먹으면서 오래 살아야 진정한 행복한 삶이라 할 수 있다.

　부모님의 지나온 삶이 주마등처럼 스친다. 어린 눈으로 본 아버지의 모습은 늘 허름한 옷차림으로 종일 들일을 하셨다. 엄마도 잠시도 쉬지 않고 밭에 김을 매고 채소 가꾸기에 매달렸다. 그때는 몰랐는데 지금 생각해 보면 너무나도 가슴 아픈 일이다. 오륙십 년대, 찢어지게 가난한 살림에 엄마는 우리를 낳고 쌀밥에 미역국 한 그릇이라도 배불리 드셨는지 모르겠다. 당신 입으로 들어가는 것은 아까워하면서도 자식들에게는 늘 풍족하게 해 주셨다. 봄이면 첩첩산중 깊은 골짜기로 들어가 산나물을 뜯어 시장에 내다 팔았고 농사철이면 남의 집 품삯 일을 다녔다. 언제나 늙지 않고 그 자리에 계실 줄 알았는데 어느 날 문득 엄마 얼굴을 보니 달라져 있었다. 예전 모습은 오간 데 없고 주름투성이 얼굴에 생판 모르는 사람 같다.

　따스한 햇살이 눈부신 어느 봄날이었다. 웅크리고 누워 계시는 엄마 곁에 나도 누웠다. 순간 오만 가지 잡다한 생각이 머리를 흔들었다. 팔을 뻗어 엄마 허리를 감싸 안으니 앙상한 갈비뼈 마디가 손에 잡힌다. 부정맥 증세로 심장이 좋지 않아 거친 숨소리는 더 크게 들리고 살결은 흐물흐물거린다. 이런 엄마의 나이는 구십하고도 세 살이다. 엄마의 젊은 시절 활기에 넘쳤던 모습이 겹친다. 기억 속에 엄마는 여장부셨다. 집안일에도, 마을 공동체 행사도 뭐든 앞장서서 척척 해냈다. 그랬던 엄마가 이젠 한없이 나약해 보인다.

실록의 계절 오월은 가정의 달이기도 하다. 오월이면 연례행사처럼 치르는 어린이날과 어버이날이 있다. 이제 자식은 성장했으니 어린이날은 한 발 뒤로 물러났지만 어버이날은 여전히 마음이 쓰인다. 그 옛날 엄마가 우리에게 베푼 사랑을 생각하면 일 년 열두 달을 하루같이 잘 모셔야 하는데 마음뿐이다. 누군가는 자식에게 쏟는 정성을 십분의 일이라도 부모에게 하라고 했는데 나를 두고 하는 말 같다. 예전부터 엄마는 차를 타면 멀미를 했다. 이제는 휠체어만 타도 멀미가 난다며 아무 곳에도 가지 않으려 한다. 어쩌다 엄마가 기분 좋게 보이는 날은 얼른 모시고 나들이를 간다. 그날도 역시 엄마는 멀미로 몸살을 앓는다. 하루가 다르게 쇠약해지는 엄마를 보면서 살아 계실 날이 얼마 남지 않은 것 같아 마음이 바빠진다. 내가 엄마에게 받은 사랑을 조금이라도 보답해 드려야 하는데 실천에 옮기지는 못하고 있다.

유년 시절, 어린이날의 기억이 새롭다. 햇살이 청명한 봄날이었다. 그땐 나이가 어려 어린이날이 뭔지도 모를 때였다. 아침밥을 먹자마자 엄마는 평소와 다르게 부지런하게 움직였다. 설거지를 마치고 들일을 가야 하는데 그러지 않았다. 누나와 나를 불러 깨끗이 씻겨 주었다. 그런 다음 엄마도 머리를 감고 은비녀로 쪽을 찌르며 단장을 했다. 아낀다고 장롱 속에 넣어둔 새 옷을 꺼내 입혀주면서 오늘은 달성공원에 동물 구경하러 간다며 밭에 일하시는 아버지께 인사하고 오라고 했다.

대구 달성공원, 누나와 나는 처음 가보는 곳이었다. 아는 동물이라고는 마당에 있는 개와 고양이, 닭과 외양간에 매어둔 소가 전부였다. 설레는 마음으로 버스에 올랐다. 누나와 나는 자리에 앉고 엄마는 서서 갔다. 버스는 삼촌 댁에 갈 때 가끔 타 보았다. 덜컹거리는 비포장도로를 얼마나 타고 갔는지 엄마가 다 왔다며 내리자고 했다. 버스에서 내려 서문시장까지 걸어갔다. 그곳에서 과자와 떡을 산 후에 달성공원에 갔다. 공원 정문에는 동화 속에 나오는 키다리 아저씨가 장승처럼 서서 문 앞을 지키고 있었다. 약간은 무서웠지만 든든한 엄마가 있으니 안심되었다.

공원에 들어가니 파란 잔디가 눈부시게 반짝반짝 빛났다. 안에는 나와 비슷한 또래 아이들이 많이 와있었다. 먼저 본 것이 공작새였다. 철망 안에 있는 공작은 끼익 하며 소리를 지르더니 날개를 활짝 폈다. 처음 보는 광경이라 모든 것이 신기하기만 했다. 물개는 물속에 들어갔다 나오기를 반복하며 묘기를 부렸고, 앵무새는 사람 목소리를 흉내 내며 따라 했다. 한참을 걸었더니 다리가 아프고 배가 고팠다. 엄마는 나무 그늘에 가서 쉬자면서 서문시장에서 산 떡과 과자를 나누어 먹었다.

배가 부르니 걷기가 싫어졌다. 엄마의 의도와는 달리 누나와 나는 집에 가자고 졸랐다. 이젠 동물들이 신기하지 않고 오히려 빨리 나가고 싶다는 생각뿐이었다. 엄마는 나름대로 열심히 설명하고 있지만 소 귀에 경 읽기나 마찬가지였다. 그래도 코끼리며 사자, 호랑이, 기린은 오랫동안 봤던 기억이 새롭다. 평소에 보고 싶었던 원숭이도 가까이 다가가 흉내를 내어 보기도 했다.

언젠가부터 우리는 바쁘다는 핑계로 부모님을 자주 찾아뵙지 못하고 있다. 삼사십 년 전만 하더라도 삼대가 모여 사는 가구 수가 더러 있었다. 산업이 발달하면서 사람들은 도시로 모여들었고 그러다 보니 대가족에서 핵가족으로 바뀌면서 효 개념도 엷어졌다. 할아버지에서 손자까지 삼 대가 함께 살던 시절에는 특별히 효의 가르침이 필요 없었다. 어른을 공경해야 한다는 것은 아버지, 엄마가 할아버지, 할머니에게 몸소 실천해 보이는 것으로 가르쳤다. 지금은 달라졌다. 책에서 읽는 것이 효의 전부다. 문을 닫으면 옆집에 누가 살고 있는지 모른다. 해 뜨기 전에 일 나가면 어두워져서야 들어오는 세상이 되었다.

어린 시절, 엄마와 다녔던 기억이 어제 같은데 세월은 저만치 가버렸다. 이번 오월에는 평소에 생각하고 있던 일을 실천에 옮겼다. 아지랑이가 가물거리는 봄볕 좋은 날에 엄마의 완고한 손사래를 뿌리치고 나들이를 갔다. 멀리는 가지 못하고 엄마 아버지께서 젊은 시절 피땀으로 일구어 놓은 땅을 다시 밟게 해 주었다. 엄마는 아는지 모르는지 여기가 어디냐고 몇 번이나 되물으며 옛 기억에 흠뻑 빠져드는 것 같았다.

명의名醫의 조건

격세지감을 느낀다. 내가 자랐던 면 소재지에 의료시설이라고는 병원 한 곳과 한의원 두 곳이 전부였다. 그 당시는 몸이 아프거나 상처가 나면 병원 가기가 어려웠다. 대부분 오래전부터 전해오는 민간요법으로 가정에서 치료했다. 세월이 흐른 지금은 한집 건너 병원 간판이 줄지어 있다.

병명도 감기부터 암까지 다양하다. 의료기술의 발달로 이제는 웬만한 병은 약물요법이나 수술로 치료할 수 있다고 한다. 더 큰 문제는 점점 사회문제로 번지고 있는 정신치료를 받아야 할 사람이 늘고 있다. 자신과 의견이 다르다고 남을 모함하거나, 이유 없이 선량한 사람을 해코지하는 것을 서슴지 않는다. 이런 행동은 육체적인 병을 떠나 정신적인 치료가 먼저 필요한 사람 같다.

우리는 물질적인 풍요는 어느 정도 이루었으나 정서적으로는 점점 황폐해져 가고 있다. 생존경쟁을 위해서는 옆도 뒤도 돌아볼 여유 없이 앞만 보고 살아왔다. 때로는 무엇을 위해 이렇게 살고 있나 하는 삶의 회의를 느낄 때도 있지만 현실이란 놈이 등 뒤에서 채찍질하듯 달려오고 있다. 나보다 나약한 사람을 만나면 돌아볼 줄도 알아야 하는데 그러기에는 마음의 여유가 없다.

자의 반, 타의 반, 명의名醫가 많아졌다. 한 분야에서 나름대로는 인정받는 사람들이다. 막상 병원을 찾아 명의라고 불리는 의사에게 실망스러울 때가 한두 번이 아니다. 이름난 의사라는 분에게 진료를 받아보면 병에 대한 상세한 설명과 궁금증이 해소될 줄 알았는데 그게 아니었다. 의사와 마주 앉아 대화 몇 마디 못하고 진료실을 나오는 경우가 허다하다. 이것이 과연 명의로 소문난 진료일까 하는 의문이 든다. 명의를 소개하는 방송이나 신문까지 등장했다. 과장된 홍보를 통해 언론에서 쏟아내는 이름만 요란한 명의들이 갈수록 많아진다. 어쩌면 그들보다 환자의 입장에서 공감하며 이해하느냐에 따라 진정한 명의가 될 수 있는 요건이 된다고 본다.

어릴 때 집에 낯선 손님이 자주 왔다. 다름 아닌 어머니가 남다른 소질이 있었기 때문이다. 체滯하는 사람이면 우리 집을 찾았다. 어머니는 우리 동네를 넘어 지역 일대에서도 손 따는 것에 소문이

나 있었다. 어린아이가 놀라거나 할 때도 어머니 손을 거치면 금방 나아졌다고 한다. 웃지 못할 사연이 있다. 오륙십 년대는 부녀자가 외간 남자의 얼굴을 바로 대하지 않고 피하는 시대였단다. 중년의 남자가 오면 당황하면서 쑥스럽기까지 했다고 한다. 특히 아버지 친구가 오면 더 난감했다고 한다. 그래도 찾아온 손님이기에 어쩔 수 없이 엄지손가락을 실로 묶고 바늘로 찌르고 최종적으로 등줄기까지 두들겨 주었다 한다.

요즘도 할머니들이 손자를 등에 업고 올 때가 있다. 그분은 옛날 정서가 남아서 어머니를 찾는 것 같다. 그 당시에 지금처럼 미디어가 발달하였다면 어머니도 명의名醫란 이름을 달고 유명한 사람이 되지 않았겠느냐고 짐작해본다.

몸과 마음이 고달플 때는 찾아가는 곳이 있다. 가까운 지인이 운영하는 의원이다. 어려운 처지에 맞닥뜨리거나 힘겨워질 때는 나의 눈높이에서 조언을 아끼지 않는다. 그의 진료는 종합병원 의사보다 내겐 좋다. 규모는 비록 작지만 환자의 사사로운 것까지 귀 기울이고 공감해 준다. 병원을 찾는 사람 대부분은 몸이 아픈 것은 물론이고 심리적으로도 불안한 상태이다. 이런 마음을 안정시키는 것도 병을 치료하는 것 못지않게 중요하게 생각해야 한다.

사회가 발전됨에 따라 인간미는 점점 상실되어 가고 있다. 종합병원은 의료 시설은 더 좋을지 모르나 인술仁術은 부족한 것 같다.

대부분은 의료 장비가 의사를 대신하는 시대가 되었다. 컴퓨터 자판을 치며 첨단 장비로 아픈 곳을 발견하고 치료까지 한다. 진정한 명의가 되려면 아픈 사람의 마음까지도 읽을 줄 알아야 하는데 그렇지 못한 것 같다.

모든 것이 세계화가 이루어지는 추세다. 외국계 이름 있는 병원과 의사들이 국내로 들어올 기회만 넘보고 있다. 지금 유명의사라는 명함을 얻었다고 그 자리에서 안주하면 안 될 것이다. 이름난 의사도 있어야 되겠지만, 정서적으로 안정을 주는 의사가 더 많아야 사회를 바꿀 수 있다. 작은 규모의 의원일지라도 환자의 아픈 곳과 함께 힘겨워하는 마음까지 어루만져 준다면 언젠가는 전국에서 알아주는 의사가 될 것이다.

봄비

겨울도, 봄도 아닌 2월. 진눈깨비가 사락사락 소리를 내며 흩날리는가 싶더니 비로 바뀐다. 비가 그치면 따스한 봄이 온다는 기대감에 마음이 들뜬다. 기대와는 달리 기상청 예보는 강추위가 몰아친다고 한다. 추워 봐야 하루 이틀이면 되겠지 생각하는데 때마침 산 너머에는 따사로운 햇살이 동그마니 피어오른다.

나만 그렇지는 않으리라. 1월을 보내고 2월 달력을 넘기면서 이제 봄이 왔구나 하는 기대에 마음이 부풀지만, 실제로 몸에 와닿는 체감은 여전히 엄동설한이다. 영하의 날씨에 얼굴에 부딪히는 찬바람은 볼살을 따갑게 하고 손은 주머니 속으로 자꾸만 파고든다. 달력 한 장 넘겼다고 봄이 왔다며 두꺼운 외투를 벗었다가는 낭패를 보기 십상이다.

여남은 살 때이었다. 그땐 어찌 그리도 추웠던지, 눈이 오기 시작하면 무릎까지 쌓여 한동안은 사람이 다닐 수 없었다. 겨울이 오고 얼음이 얼면 어린아이는 개울에서, 나이가 조금 든 형들은 저수지에서 썰매를 탔다. 5학년쯤 되었을 무렵이었다. 어느 날에, 사는 형편이 좋은 집 아이가 날이 잔뜩 선 스케이트를 들고 썰매를 타러 왔다. 나는 스케이트는 꿈도 못 꾸고 아버지가 만들어준 나무에 철삿줄을 박은 앉은뱅이 썰매를 탔다. 며칠 지나 한 명이 또 스케이트를 샀다. 나도 엄마에게 스케이트를 사 달라고 졸랐다. 엄마는 지금은 어려서 위험하니 내년에 사 주겠다고 약속했다.

산에는 진달래가 피고 연초록이 숲을 이루는 봄이 왔다. 나는 봄도 지나지 않았는데 벌써 겨울이 오기를 기다렸다. 얼음 위에서 스케이트를 탈 생각을 하니 마냥 즐거웠다. 지루한 장마와 무덥던 여름이 지나고 고추잠자리가 하늘로 차오르는 가을이 되었다. 누렇게 익은 벼를 모두 베고 황량한 벌판이 되어갈 무렵 드디어 날이 차가워지고 얼음이 얼었다. 나는 엄마에게 스케이트 이야기를 꺼냈다. 엄마는 지난겨울에 한 약속은 잊었는지 내년에 중학교에 가려면 열심히 공부해야지 하며 엉뚱한 핑계를 둘러댔다. 스케이트를 타고 싶은 욕심에 며칠은 방 안에서 공부하는 척하며 밖을 나오지 않았다. 다시 엄마에게 공부 열심히 할 테니 스케이트를 사 달라며 졸랐더니 내일 가잔다. 그날 밤은 기분이 좋아 잠이 오지 않았다. 겨우 잠들어 깨어보니 밤새 눈이 얼마나 내렸는지 발이 푹푹 빠질 정도였다. 엄마와 아버지는 마당에서부터 동구 밖까지 마을 사람들과 눈 치우기에 바빴다. 그날은 스케이트 사달라는 말은 꺼내지도 못하고 벙어리 냉가슴 앓듯 나 홀로 전전긍긍했다.

근래 들어 지난겨울이 가장 추웠다. 추위가 절정일 때는 영하 15도까지 내려갔다. 그래도 예전과 비교해 보면 추운 것도 아니다. 지금이야 겨울이면 가벼우면서도 따뜻한 기능성 옷이 많지만 그때는 추위가 몰아쳐도 변변한 방한복 한 벌 없이 차디찬 겨울을 지냈다. 추위를 견디기 위해 불을 놓다가 산불로 번지기도 했고, 소여물 끓인 부엌 앞에서 불장난하다 초가집을 태우기도 했다. 추우나 더우나 열심히 노력한 끝에 언제부터 우리는 살기 좋은 세상을 만들었다. 성실하게 일한 덕분이었다. 그땐 불평불만이 없었다. 오로지 배불리 먹고 자식 공부시키는 것이 최대 행복이었다.

봄을 재촉하는 비가 차분히 내리던 날, 나는 아스라이 멀어져간 지나가 버린 시간을 돌이켜 본다. 그렇게 타고 싶었던 스케이트는 결국 못 샀다. 눈이 녹자 이내 입춘이 코앞으로 다가왔고 얼었던 땅을 녹이는 얄미운 비가 추적추적 내렸다. 어머니는 소한, 대한 다 지나고 봄비까지 오는데 이제 얼음이 녹는다면서 잘못 하다가는 못에 빠져 죽는다고 다시 내년으로 미루었다. 중학생이 되자 개울이나 저수지로 썰매 타러 가는 날이 점점 줄어들었다. 새로운 친구를 만나고 스케이트 타는 것보다 더 재미있는 놀이가 있었다. 그것은 초등학교 다닐 때 알지 못했던 우리 역사 이야기라든지, 과학 탐구 책을 도서관에서 빌려 읽는 것이었다.

절기는 무시할 것이 못 되나 보다. 입춘이 지나자 곧바로 봄기운이 감돈다. 바람은 여전히 차갑지만 햇살은 훈훈하다. 하늘에서 하얀 눈 대신 봄비가 촉촉이 내린다. 성급한 매화는 꽃봉오리를 터뜨렸다. 이대로 한숨 자고 나면 봄꽃은 물밀듯이 피어나 있으리라.

선물

누군가에게 정성이 담긴 선물을 받는다는 건 기분 좋은 일이다. 선물에는 두 종류가 있다. 청탁을 위해 미리 포석을 깔고 하는 것은 선물이 아니다. 소박하지만 아무런 바람 없이 마음에서 우러나오는 것이 진정한 선물이라 생각한다. 나는 선물하기를 좋아하는 편이다. 생각과 마음이 통하는 사람이라면 뭐든 나누고 싶어진다.

기억 속에 첫 선물은 아마 어머니에게 드리지 않았나 싶다. 초등학교 삼학년 쯤으로 기억한다. 아지랑이가 피어오르고 햇살 좋은 어느 봄날 미술 시간이었다. 다음 날이 어머니날이었던지 색종이로 카네이션을 만들기로 했다. 여러 가지 색종이를 가위로 오리고 풀로 붙이는 작업을 반복했다. 내가 만드는 것이 어설퍼 보였기에 옆에서 지켜보던 선생님께서 많이 거들어 주었다. 그때는 어버이날이라 부르지 않고 어머니날이라 했다. 어머니날 아침, 학교에 가기 전 가방을 들고 부엌으로 갔다. 아침밥 먹은 설거지를 하던 어머니께 어제 만든 종이 카네이션을 가슴에 달아 드렸다. 어머니는 기쁜 표정을 감출 줄 몰랐다.

근래 들어서는 선물을 하지 못한 것에 아쉬움이 크다. 근래라야 칠팔 년 전이다. 자주 가는 병원 주치의가 정년퇴직이라는 소식이 들려왔다. 이런저런 사유로 서너 달 만에 한 번씩 가는 정기 진료가 십여 년 가까이 되다 보니 정이 들었다. 진료실에 들어서면 항상 만나던 친구 보는 것처럼 편안하게 대해주었다. 정년퇴직 소식을 듣고도 그냥 있을 수밖에 없는 이유가 있었다. 지금도 그렇지만 당시 사회 분위기는 청탁 금지법이 엄격히 적용될 때였다. 진료실 문 앞에는 "커피 한 잔도 안 됩니다."라는 글귀를 대문짝처럼 붙여 놓았다. 어쩔 수 없이 빈손으로 가서 퇴직 기념사진만 찍고 왔다. 지금 생각해 보면 생각이 짧았다. 커피가 안 된다면 내 마음을 전할 꽃다발이라도 들고 갔어야 했다.

누군가에게 선물해야겠다고 생각하고부터는 고민이 거듭된다. 감사하고 고마웠던 분께 마음의 표시를 해야 하는데 무엇을 해야 할지 마땅한 소재가 떠오르지 않는다. 밤새 생각하고 고뇌하고는 날이 밝으면 새하얀 백지로 변해버린다. 선물에는 다른 뜻이 없어야 한다. 내가 건넨 선물이 상대방에게 부담을 주면 선물의 가치를 잃어버린다. 뉴스에 나오는 사과 상자니, 고액의 의류니, 큼직한 쇼핑 백 등은 선물이 아니다. 엄연히 따지면 목적을 가지고 건네는 거래라 할 수 있다. 작지만 정과 마음이 오가야 진정한 선물일 게다.

내가 처음으로 받은 선물은 무엇일까. 이 또한 어릴 때 일이다. 희미해진 기억을 더듬어 보면 살구꽃, 복사꽃이 붉게 피던 날이었다. 산뜻한 새봄을 맞아 두꺼운 겨울옷을 벗고 보니 마땅히 입을 옷이 없었다. 하루는 직장 다니는 큰누나가 월급을 탔다며 내 운동화와 연분홍색 셔츠를 사 왔다. 생각지도 않았던 뜻밖에 일이라 날아갈 듯 기분이 좋았다. 그 당시에 아이들 옷은 모두가 일률적이었다. 일 년 내내 검정 고무신에 검은색 옷이었다. 봄날에 연분홍색은 친구들로부터 부러움을 샀다.

기억에 남는 선물이 또 있다. 집안 외손자로부터 마음이 듬뿍 담긴 선물을 받았다. 형님의 딸이 출가해 낳은 아이라 친손과 다름이 없다. 집에서 그리 멀지 않은 곳에 질녀가 살고 있어 아이들은 우리 집에 자주 왔다. 아이들은 부모가 안 된다고 하는 것은 나에게로 와서 사 달라고 졸랐다. 할아버지 피자 먹고 싶어요, 햄버거 먹고 싶어요, 장난감 로봇 사주세요 하며 응석을 부렸다. 이럴 땐 모른 척하며 아낌없이 손에 쥐여주곤 했다. 큰 외손자가 유치원 다니던 어느 오월, 그 옛날 초등학교 시절 색종이로 만들어 엄

81

마에게 선물했던 똑같은 종이 카네이션을 들고 와 내 윗도리에 달아주었다. 삐뚤삐뚤 글씨로 쓴 감사의 편지도 함께 건네주었다. 기특하기도 하고 기분이 정말 좋았다.

시간은 흐르는 물 같다더니 정말 빨리 지나간다. 나에게 행복을 주었던 큰 외손자가 벌써 고3이 되어 2021년 수능 시험을 치렀다. 나는 시험 결과와는 상관없이 수능 친 다음 날 대구 모 백화점으로 아이를 데리고 갔다. 아이 마음에 드는 양복 한 벌을 해주었다. 지갑은 많이 얇아졌지만 마음은 행복했다. 족보로 따지자면 나와는 그다지 가깝지 않은 외손이지만 어릴 때 나에게 큰 기쁨을 주었기에 지금도 마음은 친손자와 다름이 없다고 생각하고 있다.

선물이란 주는 사람과 받는 사람에게 부담이 없어야 한다. 억지춘향으로 마음에 내키지 않는 선물은 하고도 마음이 개운치 않다. 이건 받는 사람도 마찬가지일 게다. 해가 바뀌거나 명절이 되면 늘 고민하게 되는 것이 선물이다. 받는 사람이야 "이런 걸…." 이라며 치부해버릴지 모르지만 하는 사람은 생각에 생각 끝에 결정한 일이다.

여름날의 추억

전깃줄에 노을이 걸렸다. 해 떨어질 기미가 보이자 사람들은 분주히 움직인다. 줄을 넘는 붉은 무리는 조금씩, 조금씩 땅끝을 향해 달음질친다. 어둠이 깔리면서 다시 먹구름이 밀려온다. 멈칫할 사이도 없이 거친 소낙비가 노을을 휩쓸어 버린다.

그칠 줄 모르는 비, 이틀이 멀다고 퍼붓는 빗줄기는 장마라기보다 아열대기후 우기에 가깝다. 유월 초부터 시작된 비는 두 달 동안 이어져 왔다. 여름은 어디로 간 것일까, 여름이 다가오면 늘 하는 예보이지만 올해는 완전히 빗나가고 말았다. 열대야와 폭염으로 지리한 날이 되겠다더니 소낙비를 연일 퍼부었다. 영산강 유역 순천, 정읍, 구례지역은 짧은 시간에 사백 밀리미터 넘게 내려 하천이 붕괴되고 강둑이 무너져 다수의 이재민과 많은 재산피해를 남겼다.

　장마 속에서 간간이 햇볕이 드는 날도 있다. 이런 날에는 비에 젖은 마음도 말려야 한다. 비가 계속되다 보니 우중충한 날이 많다. 비로 인해 불쾌하고 이유 없는 짜증이 난다. 어느 날에는 퍼붓는 소낙비를 맞으며 자전거를 타고 빗속을 달렸다. 낙동강 자전거 길은 물이 강둑까지 차올라 일부분은 통제되었다. 유월에 시작한 장마는 칠월을 넘겨도 끝날 기미가 보이지 않는다. 팔월 중순이 되자 비는 그쳤다.

　장마가 끝나자 바로 폭염으로 이어졌다. 고온 다습한 날씨는 비 대신 땀을 쏟아냈다. 여름이면 대프리카(대구+아프리카 합성어)로 유명한 대구는 올해도 예외는 아니었다. 장맛비가 그친 날부터 35도는 우습게 넘겨 버리는 날이 다반사였다. 열대야로 잠 못 이루는 날에는 유년 시절 여름날이 자꾸만 떠오른다.

　새까맣게 그을린 얼굴, 치아만 하얗게 드러나 보일 때도 있었다. 낮에는 개울에서 물놀이하고 밤이면 평상에 누워 별을 헤아리다 잠든 날들. 나이가 한 살 더 보태질수록 기억은 망각으로 바뀐다는데 어린 시절 추억은 여전히 어제같이 새록새록 되살아난다. 방학이 되어도 달리 갈 곳도 없던 날에는 마을 앞 개울은 아침부터 아이들로 북적거렸다. 멱을 감고 놀다 보면 한나절이 훌쩍 지나가 버렸다. 거머리에 물리기라도 하면 쑥을 뜯어 쓱싹쓱싹 문지르는 것이 전부였다. 동네 어귀 정자나무 밑에서 냇가에서 주워온 작은 돌멩이로 공기놀이에 시간 가는 줄 모른다. 한낮이 지나면 낫을 들고 풀을 베러 간다. 저녁에 모깃불 피우려면 거친 풀과 쑥대가 필요했다.

해 질 무렵이면 마음이 바빠진다. 빨리 집에 가서 어머니 곁에 있어야 한다. 저녁 준비를 위해 어머니는 홍두깨로 부지런히 국수를 밀고 있다. 나는 그 옆에서 앉아 어머니의 빠른 손놀림을 주시한다. 이제나저제나 하고 기다리다 지쳐갈 무렵이면 어머니 명령이 떨어진다. 부엌에서 칼과 도마를 가져오라고 하는 말이 그렇게도 좋았다. 냉큼 달려가 심부름을 하고는 더 가까이 앉아 행동 하나하나에 몰입한다. 드디어 둥근 원형으로 밀던 반죽을 여러 겹으로 접에 도마 위에 올린다. 조금 전까지 몇 번이고 펴고 다시 밀어 접고 하던 것이 국수로 변신하기 직전이다.

"엄마, 이제 됐다. 그만 썰어라."

내가 하는 말은 들리지도 않는지 어머니는 칼질을 계속한다. 몇 번이고 그만, 그만, 외치고서야 썰다 남은 꽁지를 남겨 준다. 그것을 타다 남은 불씨 위에 올려 구우면 밀가루 냄새가 난다. 그 고소한 맛은 어느 주전부리와 견줄 바 못 된다. 국수로 허기진 배를 채우고 어둠이 내리면 마당 한구석에 모깃불을 피운다. 낮에 실컷 풀을 뜯던 황소가 되새김질하며 연기가 번지기를 기다린다.

잠자코 있던 누렁이가 몸에 모기가 달려드는지 이리저리 날뛰듯 설쳐 댄다. 집 전체가 모깃불 연기로 자욱해지면 우리는 광목 이불을 서로 덮으려 잡아당긴다. 연기 때문에 이불로 눈을 가리기도 하지만 아버지의 무서운 옛날 귀신 이야기에 얼굴을 묻기 위해서이다. 살평상에 누우면 머리 위로는 무수한 별이 쏟아져 내리고 누나는 북두칠성 자리를 알려 준다. 저기에서 저기까지라며 몇 번이고 손가락으로 가리킨다.

다시 해가 뜬다. 태양이 달궈놓은 열기는 좀처럼 식을 줄 모른다. 새털구름조차 보이지 않는 맑은 날에는 저녁노을도 검붉다. 어둠이 몰려와 하늘을 올려다본다. 선명하게 빛나던 북두칠성을 찾아보지만 오염 물질에 가려서인지 서너 개만 근근이 눈에 띈다. 밤을 낮같이 훤하게 비추던 달과 별은 어디 숨었는지 가로등 불빛만이 세상을 밝히고 있다. 꿈 많았던 여름밤, 그날에 푸른 하늘 은하수와 하얀 쪽배는 어디로 흘러갔는지. 그 배에 내 꿈도, 인생도 함께 실려 간 것은 아닐까.

아버지와 짚신

　문명의 발달로 우리 곁에서 사라진 것들이 많다. 농사지을 때 사용하던 농기구가 제일 먼저 없어졌다. 논이나 밭갈이에 쓰이던 쟁기, 써레, 지게가 없어졌고 곡식을 찧을 때 쓰는 절구통과 맷돌이 언젠가부터 보이지 않는다. 볏짚으로 만든 망태, 바구니 등 여러 도구도 종적을 감추었다. 짚신도 마찬가지다. 짚신은 마한 시대부터 신었던 우리 조상의 영원한 신이었다. 이런 짚신이 어느 틈엔가 소리소문없이 사라져버렸다.

　신에 대한 추억이 아련하다. 초등학교 시절, 육 년 내내 검정 고무신을 신었다. 나만 그런 것이 아니라 반 친구 모두가 검은색이었다. 굳이 구별하자면 기차표와 말표라는 요즘 말로 메이커, 즉 상표 차이였다. 그땐 신에 대한 불만이 있을 수가 없었다. 요즘같이 기능성은커녕 모양도 색깔도 모두 똑같았다. 낡은 검정 고무신 일지언정 구멍 난 신을 신고 다니지 않는 것만으로도 천만다행으로 여겼다.

겨울로 접어들면 발에 신경이 간다. 영양 불균형인지 아니면 질병인지 뒤꿈치에 각질이란 놈이 덕지덕지 달라붙는다. 이럴 때는 때밀이 수건으로 문지르거나 손가락에 힘을 주어 씻는다. 하루는 텔레비전에서 발 각질에 좋다는 연고를 광고했다. 당장 약국에 가서 연고를 구매하여 며칠을 발랐더니 아니나 다를까, 어린아이 발 같이 깨끗했다. 발뒤꿈치에 연고를 바를 때마다 아버지 발이 자꾸만 눈에 아른거린다.

오래전 기억을 더듬어 본다. 어느 초겨울날, 우연히 아버지 발을 보게 되었다. 짚신만 신고 다녀서 그런지 발바닥이 거북이 등껍질같이 딱딱하게 갈라져 있었다. 날이 차가워지면 아버지께서는 가마솥에 불을 지펴 물을 데웠다. 데운 물로 세수하고 다시 그 물에 한참 동안 발을 담그고 있었다. 그런 다음 큼직한 돌멩이로 발바닥을 밀어 굳은살을 벗겨냈다. 어린 나이에 아버지 발이 왜 그렇게 되었는지 알지 못했다. 지금에 와서 생각하니 그것은 아버지의 훈장과도 같은 것이었다. 가족을 건사하고 자식들 공부시키기 위해 고된 노동을 닥치는 대로 하다 보니 발이 험해진 것은 당연했다.

시대가 바뀌면서 맨발 걷기가 유행이다. 예전에는 신을 아낀다고 농사일할 때는 맨발로 했지만 지금은 건강을 위해 일부러 맨발로 걷는다. 산에 오르다 보면 등산화를 벗어 손에 들고 걷는 사람이 가끔 있다. 나도 그들을 따라 등산화를 벗었다가 다섯 발짝도 걷지 못하고 다시 신었다. 그러다 허리가 좋지 않은 나에게 지인이 자신도 맨발로 걷는다며 맨발 걷기의 효과에 관한 자료를 보내왔다. 덩달아 나도 학교 운동장에 가서 양말을 벗었다. 첫발을 디디는 느낌은 이상야릇했다. 발가락이 오므라들고 허리를 똑바로 펴지 못한 채 엉거주춤한 상태로 한 발씩 내디뎠다. 오장육부가 짜릿하면서도 오묘한 느낌이 가슴으로 전달되었다. 운동장두어 바퀴를 걷고 나니 처음보다는 발걸음이 가벼워졌다. 첫날은 십여 분 정도 맨발로 걷다가 집으로 왔다. 발을 씻으려고 발바닥을 보니 벌겋고 화끈거렸다. 계속해서 며칠 걸었더니만 발바닥 통증은 완화되었다.

맨발로 걸으면 건강에 좋다고 한다. 혈액순환에 도움이 되며 발의 혈 자리를 자극해 오장 육부에 좋다. 발바닥을 자극하므로 두통에도 효과가 있으며 허리 통증에도 좋다. 이 밖에 스트레스 해소와 정신적 안정에 도움을 준다. 지난해 시월까지는 맨발로 걷기를 했는데 날이 추워지니 발이 시려 중단했다가 올봄부터 다시 걷고 있다.

대구 수목원에도 맨발 걷기 체험하는 장소가 있다. 수목원을 만들면서 일부 구간은 황톳길을 조성했다. 황톳길을 따라 맨발로 걷는 사람이 간혹 있었는데, 지난해 맨발로 걸을 때 편리하도록 다양하게 재정비했다. 일정한 구간은 마사를 다져 놓았고 황톳길과 자갈길도 만들었다. 공사가 완공되자 사람들은 본격적으로 맨발 걷기에 나섰다. 걷기를 마치면 발 씻기에 편리하도록 군데마다 간이수도까지 설치해 두었다. 평일에도 사람이 많지만 주말이면 맨발로 걷는 사람이 줄을 서다시피 한다. 아버지가 돌아가신 지 많은 세월이 지났지만 지금 맨발로 걷는 사람을 본다면 어떤 생각이 들까. 아버지는 건강을 위해서가 아니라 자식들을 건사하기 위해 마지못해 힘든 노동을 했고 그 과정에서 짚신이 거추장스러워 맨발이었으니.

아버지는 손재주도 무진장 좋았다. 벼 수확을 하고 남은 짚은 아버지의 노리개나 마찬가지였다. 아버지 손에 짚이 들어가면 안 만들어지는 것이 없었다. 크게는 멍석부터, 닭이 알 낳는 닭 둥지, 씨앗을 보관하는 씨오쟁이, 그 밖에 삼태기, 꼴망태 등 못 만드는 것이 없었다. 지금도 어슴푸레하게 생각나는 것은 날이 춥고 비나 눈이 오는 날이면 볏짚을 한 아름 가지런히 추렸다. 추려놓은 볏짚에 물에 적신 후 잘 스며들도록 서너 시간을 세워 두었다. 저녁 식사 후 짚을 방으로 가져와 가늘게 새끼줄을 꼬았다. 밤이 이슥하도록 새끼를 꼬고 발에 견주기를 여러 번, 그사이에 잠이 든 내가 아침에 일어나면 윗목에 짚신 한 켤레가 놓여 있었다. 제일 기억에 남아 있는 것은 가을 추수를 끝내고 마당 양지바른 곳에 앉아 멍석을 만든 일이다. 제법 큰 것이었는데 일주일 넘게 걸린 것 같다. 그 멍석이 아버지의 마지막 손재주였다. 멍석을 만들고 몇 년 후 아버지가 돌아가셨지만 그 후로도 오랫동안 사용했다.

지금은 짚신 신는 사람이 없다. 예전에는 초상이 나면 장례 기간만큼 상주들이 삼베옷을 입고 짚신을 신었다. 이제는 그런 풍속마저도 없어졌다. 요즘 젊은이에게 짚신을 아느냐고 물으면 어떤 대답이 나올까, 아마도 모른다고 할 것 같다. 내가 어릴 때만 해도 아버지는 밭에 나갈 때나 산에 나무하러 갈 때는 늘 짚신을 신었다. 어쩌다 집안 대소사가 있거나 친구를 만나러 가실 때는 여름에는 흰 고무신, 겨울에는 털신을 신었다.

나도 한때는 짚신 만들기에 도전하려고 했었다. 삼사십여 년 전, 직장 초년 시절 때 일이다. 한 달에 한두 번 숙직이 있을 때였다. 하루는 과장님과 숙직을 같이하면서 밤을 지내게 되었다. 이런저런 얘기를 나누고 있는데 텔레비전에서 짚신이 나오고 그와 관련한 이야기를 하고 있었다. 과장님도, 나도 관심 있게 보면서 이런 질문을 했다. 과장님께서는 짚신을 신어 보았느냐. 어릴 때 더러 신었단다. 만들 줄은 아느냐고 했더니 가르쳐줄까 하면서,

다음에 같은 날 숙직이 되면 가르쳐 준다고 했다. 그 이후에 과장님은 다른 부서로 승진되어 같이 숙직할 기회는 없어졌다.

이제 짚신은 박물관에나 가야 볼 수 있다. 짚신을 삼을 줄 아는 사람이 귀할뿐더러 신을 사람도 없다. 사오십 년 전에는 짚신 신고 다니는 사람이 가끔 있었는데, 이제는 그만큼 우리나라가 경제적으로 발전되고 잘살고 있다는 증거다. 우리가 내일을 예측 못 하듯, 막걸리가 건강에 좋다며 바람을 타듯, 언젠가는 짚신도 건강 신발로 발돋움할지도 모를 일이다. 우리 것이 좋다는 말이 지금도 마음에 와닿는다.

풍요로운 시대에 사는 우리, 나부터도 아까운 줄 모르고 아낄 줄도 모른다. 자기 물건을 잃어버려도 찾을 생각을 하지 않는다. 지하철역 분실물센터에는 가방, 옷 등 주로 중고생 것이 많다고 한다. 예전 같으면 생각도 못 할 일이다. 형이 입던 옷을 동생이 물려받아 입고 그것도 모자라 해지면 기워 입었다. 소비가 미덕이라지만 소비도 소비 나름이다. 멀쩡한 물건을 잃어버리고 찾지 않는다는 것은 내 물건에 대한 애착이 없는 것과 다름없다. 그럼에도 요즘 아이들은 내 물건이 없어져도 아무렇지도 않은 모양이다.

아버지 세대의 고달팠던 삶을 생각해본다. 오늘 우리가 행복을 누리며 사는 것은 당신의 절약과 희생이 있었기에 가능했다. 이

모든 일이 벌써 반세기가 지났다. 나는 짚신을 신어 보지는 못했
지만 아버지께서 신던 것을 발에 끼워 본 적은 있다. 이제 짚신은
우리 곁을 떠났다. 짚신이 골동품으로 바뀐 지 오래다.

양법禳法

문명의 혜택이라고는 없었던 시절, 당시만 해도 무당의 입에서 뱉어내는 말은 신의 소리로 믿었던 시절이 있었다. 세월이 흐른 지금에 와서 생각해보면 웃프다. 그땐 그 방법이 최선이었다는 것을 믿어 의심치 않는다.

반세기가 훌쩍 지난 지금 옛 추억을 되돌려 본다. 육십 년대 중후반쯤이었다. 당시에는 텔레비전은커녕 라디오도 귀하던 시절이었다. 마을에 한두 집 있던 라디오를 어느 날에 아버지께서 들고 오셨다. 라디오를 구입해 온 그날부터 아버지는 동네 사람이 다 들릴 정도로 소리를 크게 틀어 놓았다. 모두 농사짓는 사람이라 날씨에 민감했다. 아침이면 살평상 위에 라디오를 올려놓고 뉴스와 일기예보를 마을 사람들이 들을 수 있게 볼륨을 높였다. 오후나 저녁 시간에도 마찬가지이었다. 그때는 자동차나 기타 소음을 일으키는 기기들이 없던 시절이라 라디오에서 나오는 소리는 멀리까지 퍼져 나갔다.

보리가 누렇게 익어가는 초여름 어느 날이었다. 그날도 아침부터 라디오를 크게 틀어 놓은 채 식사를 하고 부모님은 논밭으로, 우리 형제들은 학교로 갔다. 오전 내내 들일을 하고 집으로 들어와 보니 라디오가 없어져 버렸다. 양상군자가 욕심을 부린 것이다. 가보 1호가 없어졌으니 마른하늘에 날벼락과 다름이 없었다. 엄마는 당장 이웃에 사는 무당집으로 달려갔다. 무당에게 점을 보러 간 것이다. 접신한 무당의 점괘가 도둑이 라디오를 들고 멀리 가져가지는 못하고 부근 보리밭 골에 숨겨 놓았다는 것이다. 엄마는 무당의 말을 철석같이 믿고 집으로 돌아왔다.

초여름의 태양은 불잉걸과 다름이 없었다. 뜨거운 태양 아래 엄마는 점심은 먹는 둥 마는 둥 하고 라디오를 찾아 나섰다. 무당 말만 믿는 엄마의 성화에 못 이겨 아버지께서도 집 옆에 있는 보리밭 골을 일일이 헤쳤다. 보리밭 골을 한번 훑어본 후 아버지께서는 무당 말은 신빙성이 없다는 것을 직감하셨다. 아버지께서는 엄마에게 무당의 말을 믿지 말고 보리밭 골 뒤지는 일도 하지 말자고 몇 번이나 채근했다. 그럼에도 불구하고 엄마는 동네 보리밭을 모조리 뒤졌지만 있을 리 만무했다.

전통적으로 내려오는 무당은 두 가지로 나눌 수 있다. 강신무와 세습무이다. 강신무는 신병이라는 몸살을 앓고 정식으로 신내림을 받은 무당을 가리킨다. 세습무는 부모님이 무당의 신분으로, 무구 등을 물려받아 무당이 된 경우이다. 아울러 남자 무당을 박수라고 부른다. 엄마가 자주 찾았던 동네 무당은 강신무이었다.

엄마는 여전히 라디오에 미련을 버리지 못했다. 어느 날 라디오를 훔쳐 간 도둑에게 양법禳法을 했다. 기억은 흐릿하지만 쌀, 콩, 팥 등 잡곡 몇 가지를 아주 조금씩 모아 장독대 위에 올려놓았다. 엄마에게 이게 뭐냐고 물으니 양법을 해 놓으면 도둑이 우리 집에 두 번 다시는 들지 않는다며 손대면 안 된다고 했다. 지금 생각해 보면 어처구니없는 일이지만 그땐 그것을 기정사실로 믿었다.

엄마는 자식을 키우면서 무당집을 제집 드나들다시피 했다. 감기 기운이라도 뻗치는 날에는 당연히 무당집으로 갔다. 그날은 백발백중 객귀 물리는 날이다. 시도 때도 없이 객귀를 물려서 그 절차는 외우고도 남았다. 북쪽으로 머리를 두고 돌아눕게 한 후 박바가지에 물은 반 넘게 담은 후 밥을 조금 넣고 무당이 주술을 읊조리며 시퍼런 부엌칼로 몇 번이고 머리를 베는 시늉을 하다 칼을 대문 밖으로 휙 던졌다. 다행히 칼끝이 밖으로 향하면 잡귀가 물러난 것이고 안으로 있으면 처음부터 다시 되풀이했다. 우연의 일치겠지만 객귀 물리고 하루, 이틀 지나면 몸살감기가 없어졌다.

단골로 무당집을 찾던 엄마, 무당의 말이라면 철석같이 믿었던 엄마가 무당집에 발을 끊게 되었다. 집에서 그리 멀지 않은 사찰에 있는 승려를 만나고부터다. 스님을 알게 된 후로는 엄마는 무당집 대신 절집으로 향했다. 스님은 무당의 말은 미신이라며 그런 사람은 찾지도 말며 거짓된 말은 듣지도 말라고 했다. 불교 신자가 된 후로는 생각이 바뀌었다. 그러다 경제가 발전하면서 점차 도시화되어 갔다. 그러는 사이 무당은 서서히 자취를 감추었고 사람들도 합리적인 생각을 하게 되었다.

지나고 보면 모든 것이 아름다운 추억으로 회상된다. 그 시절은 모두 그렇게 살았다. 턱없이 부족한 의료시설에 사람들은 아프면 무당부터 찾았다. 가난하고 배움이 부족해 무당의 말이라면 모두 믿었다. 메마르고 단조로운 디지털 첨단세상에 살고 있는 지금, 유년 시절을 기억해 보면 그래도 그때가 좋았지 하며 나 혼자 웃음을 짓기도 한다.

해인사 백련암

짙푸른 숲과 맑은 공기, 이보다 더 좋을 수는 없다. 구름 위를 걷는 기분이다. 이렇게 좋은 날에 나는 무엇을 갈망하고 있는가. 그답을 구하기 위해 호젓한 산길이 있는 곳을 찾았다.

봄인가 싶더니 벌써 여름이다. 오십대 시간은 오십km로, 육십대 시간은 육십km로 달린다더니 세월은 흐르는 강물과 같이 유유히 지나간다. 어물어물하다 보니 올해도 반은 지나고 있다. 이루어 놓은 것이 없어서일까, 마음이 점점 바빠진다. 삶에 쫓기다 보니 신경은 예민해지고 마음에도 없는 말이 불쑥 튀어나온다. 이럴 때는 조용한 곳을 찾아 나 자신을 되돌아볼 시간이 필요하다.

가야산 백련암 가는 길, 차창에 부딪치는 아침 햇살이 더욱 강렬하게 다가온다. 가야산 홍류동 계곡에 들어서니 싱그러운 숲들이 마중 나와 있다. 길섶에 줄지어 있는 벚나무가 인사를 건넨다. 이른 봄에는 하얀 꽃가루를 뿌려주더니 이번에는 푸른 옷으로 갈아입고 반긴다. 숲길 막바지에 다다랐을 때 백련암으로 가는 표지판이 보인다.

백련암은 성철 스님이 계셨던 곳으로 유명하다. 스님이 타계하신 지가 벌써 이십 년이 훌쩍 지났다. 그는 살아계시는 동안 우리에게 교훈적인 말씀을 많이 남겼다. "산은 산이요, 물은 물이다." 이 말은 마음의 눈을 뜨고 그 실상을 바로 보라는 뜻이란다. "대나무가 가늘고 길면서도 모진 바람에 꺾이지 않는 것은 속이 비었고 마디가 있기 때문이다. 대나무 마디는 사람이 겪는 좌절과 갈등, 실수, 절망, 병고, 이별 등과 같다. 대나무처럼 살라." 이외에도 많은 법문이 있지만 그중에서 가장 기억에 남는 것이 있다. "달을 볼 때, 손가락으로 달을 가리키며 달을 봐라. 목표는 달에 있는 것이지 손가락에 있지 아니하다." 이 말씀은 지금의 우리가 깊이 되새겨 보아야 할 내용이다.

신비로움으로 가득한 백련암. 사십여 년 전 처음 이곳에 와 보았다. 그때부터 일 년에 한두 번은 자의 반, 타의 반으로 오고는 했다. 내가 다니는 사찰의 스님이 여기에 자주 오셨는데 가끔은 나를 데리고 왔다. 당시에는 성철 스님을 뵈면 절 세 번만 하고 밖으로 나왔다. 특별히 드릴 얘기도 없고 같이 있으면 좌불안석인 것 같아 자리를 피했다.

상쾌한 바람이 등줄기 속으로 스며들었다. 시원하다는 표현보다는 쾌적하다는 말이 더 어울릴 것 같다. 백련암으로 오르는 계단을 한 발씩 내디딜 때마다 머릿속에 쌓여 있는 먼지를 조금씩 털어 낸다. 본존불이 있는 적광전寂光殿에서 번져 나오는 향냄새가 암자를 감싸고 있다. 마당에 들어서니 불면석이라는 집채만 한 바위가 위용을 뽐내며 우뚝 서 있다. 그 자리에서 담장 너머로 내려다보면 장엄한 광경이 펼쳐진다. 지대가 높아 아래로 펼쳐지는 울창한 숲은 고찰이라는 것을 증명이라도 하듯 끝없이 이어지고 있다. 언제 심었는지 가늠할 수 없는 아름드리 느티나무 서너 그루가 암자로 들어오는 문을 지키고 있다.

해인사 백련암 소개 글을 요약하면 백련암은 가야산에 있는 여러 암자 가운데에서도 가장 높은 곳에 위치하여 한가할 뿐 아니라 경계 또한 탁 트여 시원하다. 특히 암자 주변에 우거진 노송과 환적대, 절상대, 용각대, 신선대와 같은 기암이 병풍처럼 에워싸고 있어 예부터 백련암 터를 가야산의 으뜸가는 절승지로 일컬어 왔다. 백련암을 처음 창건한 연대는 잘 알 수 없고 다만 선조 38년 곧 서기 1605년에 서산 대사의 문하였던 소암 스님이 중건하였다는 기록이 남아 있을 뿐이다.

먼저 적광전寂光殿에 들렀다. 성철 스님이 살아계실 때 이곳에서 삼천배를 해야 그를 만날 수 있었다고 한다. 난 무릎이 좋지 않다는 핑계로 달랑 삼배만 하고 나왔다. 가끔은 와 본 곳이라 다른 곳을 둘러보지 않고 성철 스님의 동상을 모신 고심원古心院으로 발길을 옮겼다. 이곳에서도 간단히 예만 올리고 나왔다. 뜰에 앉으니 내가 신선이 된 것같이 착각할 정도로 몸과 마음이 하늘로 날 것처럼 홀가분했다. 서늘한 바람이 가슴 속까지 파고들어 사소한 잡념은 없어지고 입가에 미소가 번져나갔다.

산과 바위로 둘러싸인 암자, 그 중심에 내가 서 있다. 바람결에 간간이 흔들리는 풍경이 산새들의 노랫소리에 반주를 맞추고 있다. 잠시 햇볕을 쬐는데 누군가 점심을 먹으러 오라고 불렀다. 몇 군데 사찰에서 식사해 봤지만 이곳은 가족끼리 밥 먹는 분위기였다. 밥 먹는 사람이 많아야 대여섯 명이 고작이다. 밥과 찬도 맛있지만 더불어 먹는 과일과 떡도 이만저만 맛있는 게 아니었다. 배를 든든히 채우니 내려가기가 싫어졌다.

백련암은 언제 가도 좋은 곳이다. 봄이면 연둣빛 새싹과 아지랑이가 반기고, 여름에는 시원한 바람과 짙은 녹음이, 가을에는 오색의 단풍이, 겨울에는 처량한 것 같으면서도 오밀조밀한 암자 건물들이 멋을 부린다. 여기에 오면 번뇌는 없어지고 기분이 좋아진다. 숲에서 올라오는 쾌적한 바람이 마음의 통증까지 말끔히 씻어준다.

3
그럼에도 행복하다

여름 불청객

어디서 날아들었는지, 앙칼진 소리가 쩌렁쩌렁 울린다. 그들의 합창이 드세질수록 가을이 가까워졌음을 알 수 있다. 한동안은 장맛비로 조용하던 소리가 폭염과 함께 다시 기승을 부린다. 매미 소리는 듣는 사람의 기분에 따라 상큼한 청량제가 될 수 있고 짜증을 유발하는 소음이 되기도 한다.

귀청이 따갑도록 울리는 매미 소리, 학창 시절 여름날 늦잠은 어림도 없다. 앞마당에 있는 감나무에 달라붙은 매미는 새벽부터 소리를 질러댔다. 그 소리에 짜증이 나 누워 있을 수가 없다. 빈대 잡으려다 초가삼간 태운다더니 밖으로 나가 감나무를 베 버릴까 하는 충동적인 생각도 했다. 뭐가 그리 서러운지 매미는 밤낮을 가리지 않았다. 우렁찬 목소리로 한밤중에도 맴맴 거리며 소리를 뿜어 올렸다. 그런 매미 소리를 한동안은 잊고 지냈다.

삶이 무엇인지, 먹고살기 바빠 매미는 어디에 붙어 있는지 소리 조차 들리지 않았다. 꽃이 피면 봄이 왔는가 생각하고, 이마에 땀이 흐르면 여름이요, 일렁이는 바람에 나뭇잎이 떨어지면 가을, 차가운 바람이 쌩쌩 불면 겨울이라 여기며 살았다. 이러다 보니 내 마음속에 감성은 생존에 밀려 침몰되었다. 어느 일요일 아침, 느닷없이 매미 소리에 잠을 깼다. 시끄럽기보다는 옛 정취를 불러 오는 추억의 소리로 들렸다.

맨손으로 매미를 잡던 시절, 고사리손에 잡힌 매미는 유난히 컸다. 요즘 매미와는 비교가 되지 않을 정도였다. 소리도 우렁찼다. 매미를 잡아 배를 간질이면 좋아서 그러는지, 살려 달라고 애원하는 것인지는 몰라도 더 크게 소리를 질렀다. 나무 꼭대기에 붙은 매미를 잡아 보겠다고 올라가다 가지가 휘청거려 아찔한 순간을 넘기기도 했다. 매미를 향해 살며시 고사리손을 내미는 찰나, 맴~하며 다른 가지로 왱 하며 날아가기도 했다.

매미의 일생은 처량하다. 목청에서 터져 나오는 소리를 들으면 환희에 찬 웃음인지, 억울함에 울부짖는 소리인지 알 수가 없다. 땅속에서 평균 칠 년 가까이 지내다 세상 밖으로 나온 후로는 겨우 보름 정도 살지 못한다니 어쩌면 슬픔에 찬 울음과도 같다. 땅속에서도 그의 삶은 온전치가 못했다. 굼벵이가 사람 몸에 좋다며 그들을 잡으려 땅을 파헤치는 전문 꾼이 있다. 까딱하다가는 잡혀 인간의 몸보신용으로 팔리게 된다.

직장에 다닐 때 일이다. 회사 주변에 아름드리 수양버들이 몇 그루 있었다. 여름이면 일에 방해가 될 정도로 매미는 떼를 지어 괴성을 질렀다. 이는 자동차 소음보다 더 시끄럽게 들렸다. 하루는 버드나무가 있는 곳에 가 보았다. 나무 밑둥치에는 허물을 벗고 매미로 탈바꿈한 껍질이 다닥다닥 붙어 있었다. 그중에는 어젯밤에 땅속을 헤집고 올라왔는지 반쯤 옷을 벗은 매미도 보였다. 껍질을 벗는 데 힘겨워 보여 약간 들추어 주었더니 움직임이 빨라졌다. 다음 날, 그 자리에 다시 가보니 내가 도와준다며 손을 댄 매미는 더는 옷을 벗지 못하고 죽어 있었다. 그들의 섭리대로 살아가도록 놔두었어야 했는데 내 생각이 짧아 애꿎은 매미만 죽인 셈이다.

매미 오덕五德이란 교훈이 있다. 중국 진나라 때 시인 육운陸雲은 한선부寒蟬賦란 글에 매미 오덕을 지었다. 짧고 굵은 매미의 삶을 선비들은 군자의 다섯 가지 덕을 겸비한 것으로 여겼다. 매미의 곧게 뻗은 입이 갓끈과 같아서 학문學問에 뜻을 둔 선비와 같고, 사람이 힘들게 지은 곡식을 해치지 않으니 염치廉恥가 있으며, 집을 짓지 않으니 욕심이 없이 검소儉素하고, 죽을 때를 알고 스스로 지키니 신의信義가 있고, 깨끗한 이슬과 수액만 먹고 사니 청렴清廉

하다는 것이다.

한편 예로부터 관리들 관모冠帽에는 매미 날개 모양의 양쪽 깃이 달려 있었다. 평상복 차림의 곤룡포와 함께 임금이 쓰는 '익선관翼善冠'의 경우 매미의 양 날갯죽지가 위로 향한다. 신하 대신들의 쓰는 관모에는 그게 좌우 양쪽으로 향하게 되어있다. 이는 평소 의관을 갖춘 관리들끼리 서로 마주 보면서 정사를 잘 펼치라는 뜻이 담겨 있다. 관모나 익선관을 쓰고 매미 오덕을 따르겠다는 취지는 좋았지만 얼마나 실천에 옮겼는지는 알 수 없다.

가을이 문턱이라는 처서가 얼마 전에 지났다. 매미는 이제 떠날 채비를 하는지 소리가 더 우렁차다. 올해는 이상 기후로 유월부터 시작된 장마가 팔월 초까지 이어졌다. 처서가 지났는데도 폭염과 열대야는 물러날 줄 모르고 여전히 기승을 부린다. 계절을 잊은 매미도 돌아갈 시간이 되었건만 가는 여름이 아쉬운지 여전히 맴맴 소리를 지른다.

미소 짓는 얼굴

　설레는 마음으로 진료실 문을 열었다. 예전에 몇 번 진료 받은 적이 있는 낯익은 의사이다. 그래서인지 의자에 앉자 내 얼굴을 보고 피식 웃는다. 얼굴이 잘생겼는데 수술은 왜 하려고 하느냐며 도리어 나에게 반문했다. 부끄럽기도 하고 당황스러워 엷은 미소로 화답했다.

　거울 속에 비친 내 모습을 본다. 넓은 이마 위로 휑하게 보이는 머리숱과 굵은 주름은 실제 나이보다 더 들어 보인다. 더군다나 배까지 볼록 나왔으니 마음에 드는 곳은 한 군데도 없다. 어느 날 지인이 검은 안경을 끼고 나타났다. 이유를 묻지 않았음에도 부어있는 눈을 보이며 쌍꺼풀 수술했다며 자랑을 늘어놓았다. 나도 처진 눈꺼풀이 마음에 거슬리던 차에 어디서 했는지 자세히 물어

보았다. 두렵기도 하고 경제적으로 부담스러워 망설이던 차에 지인은 건강보험으로 했다기에 나도 덩달아 안과를 찾았다.

종합병원은 안과도 혼잡하기는 마찬가지였다. 진료를 기다리는 환자가 많아 한참 후에 검사실에서 불렀다. 전문의를 만나기 전에 눈에 관한 기초적인 검사를 해야 한다는 것이다. 검사실 의료진에게 안과에 온 자초지종을 설명하고 건강보험이 적용될 수 있느냐고 물어보았다. 그는 눈을 이리저리 살펴보고 사진까지 찍더니 보험 적용을 받을 수 있을 것처럼 말했다.

안과 과장님 진료는 달랐다. 처진 눈꺼풀 수술에 건강보험 적용을 받으려면 사유가 까다롭단다. 눈썹이 눈을 찔러 눈가가 짓물러지거나, 눈꺼풀이 눈동자를 반 이상 가려야 보험 적용이 가능하다는 것이다. 의사는 나의 눈 주위 사진을 확대해 보이면서 앞으로 십여 년 더 있어도 보험 적용은 어렵겠다며 우스개로 대답을 대신했다.

예전 모 방송에 성형에 중독된 여성이 나왔다. 그는 한때 가수 활동을 하며 누구 못지않은 아름다운 외모였다. 그러나 거울을 볼 때마다 자기 얼굴에 만족을 느끼지 못해 성형 수술을 했다. 여러 번 얼굴을 고치다 보니 그에 따른 부작용과 심각한 후유증이 왔다. 보통 사람보다 서너 배나 큰 얼굴과 형체를 알아볼 수 없을 정도로 일그러진 눈, 코, 입이 되어버렸다.

부작용은 정신분열증으로 이어졌다. 급기야 자기 얼굴에 콩기름, 실리콘 등을 닥치는 대로 넣기에 이르렀고 뭇사람들의 시선이 두려워 대인공포증으로 이어졌다. 화면에 비친 그녀는 사람의 얼굴이라고는 믿기지 않을 정도로 변형되어 있었다. 그녀의 지나친 욕망이 자기 얼굴에 스스로 가면을 씌워버렸다.

우리 사회는 외모지상주의를 부추기고 있다. 자기 관리라는 그럴듯한 구실을 내세워 과도한 다이어트와 성형 열풍으로 몸살을 앓고 있다. 성형외과는 더 예뻐지려는 여성뿐 아니라 어린이부터 노인까지 합세해 붐비고 있다고 한다. '같은 값이면 다홍치마.'라고 예쁘게 보이고 싶은 것이 인간의 본능이다. 그러나 내면에 잠재되어있는 인격이나 인간미, 능력보다는 외모를 중심으로 평가되는 사회 풍조가 성형을 더 부추기는 것 같다.

이제는 얼굴 보고 나이를 가늠하기가 쉽지 않다. 그만큼 젊게 보이려고 여러 가지 노력을 하기 때문이다. 그러나 지나치게 인위적으로 다듬다 보면 오히려 흉하게 보인다. 성형술이 발달했다고는 하지만, 어느 한 부분을 고치면 전체적으로 균형이 맞지 않아 또다시 다른 곳을 성형하고 싶은 욕망이 생기기 마련이다.

부모님께서 물려준 얼굴이 가장 예쁘게 보인다. 나이가 들어 세월의 무게로 늘어난 잔주름 숫자만큼 삶의 여유로움도 있을 것이고, 삶의 애환이 주름 속에 고스란히 녹아 있다. 보면 볼수록 세월의 흔적이 묻어있는 얼굴이 더 아름답게 보인다.

　사람의 표정은 각각의 개성을 담고 있다. 활기차게 인생을 살다 보면 기운이 넘치는 얼굴이 될 것이고, 기쁜 마음을 가지면 표정도 밝아지고 자연스럽게 아름다운 얼굴을 만들 수 있을 것이다. 여러 표정 중에서도 가장 보기 좋은 것은 미소가 넘치는 얼굴이 아닐까 생각한다.

　만족스럽지 못한 내 얼굴을 인위적으로 고쳐볼 미련은 여전히 떨쳐버리지 못했지만, 우선은 환하게 미소 짓는 얼굴부터 만들어 볼까 한다.

그럼에도 행복하다

행복의 조건은 무엇일까. 돈, 명예, 외제 차… 이런 것들은 남들에게 보이기 위한 허세일 뿐이다. 진정한 행복은 내 마음속에 있다. 사람이 살아가면서 한 번쯤은 어려움을 겪을 때가 있다. 이때 경제력은 당연히 있어야겠지만 사람의 마음을 움직일 수 있는 신념도 필요하다.

가을 햇살이 눈부신 어느 날이었다. 평소와 다름없이 아침에 일어나 동네 한 바퀴를 돌고 집으로 왔다. 아침 식사를 마치고 출근하려고 옷을 갈아입는데 갑자기 호흡곤란 증세가 왔다. 급기야 자리에서 일어날 수 없는 상황이 벌어졌다. 얼른 생각나는 것이 119구급차였다. 연락 후 채 10분이 지나지 않아 구급차가 집 앞에 도착했다. 그길로 종합병원으로 달렸다.

응급실에 도착하니 아무런 증세가 없었다. 혈액검사와 심전도 검사에서도 특별한 이상 증세가 없단다. 천만다행으로 생각하며 안도의 한숨을 쉬고 있을 때 의료진이 혹시 심장에 이상이 있는지 초음파를 찍자고 했다. 그때까지도 까맣게 잊고 있었던 지난 일이 떠올랐다. 그해 봄, 심장 정밀 검사를 받았다.

따뜻한 봄기운이 기지개를 켜던 3월 초였다. 산악회에서 덕유산 향적봉으로 등산을 갔다. 겨우내 움츠렸던 몸은 활기를 되찾은 듯 하늘로 날 것같이 발걸음은 가벼웠다. 오랜만에 만난 일행들과 그간의 안부를 물으며 산에 오르다 보니 덕유산 정상에 도달했다. 3월 초인데 정상 부근에는 무릎이 잠길 정도의 눈이 그대로 남아 있었다. 일행들과 양지바른 곳을 찾아 점심을 먹기로 했다. 눈밭에 둘러싸여 먹는 밥맛이 게 눈 감추듯 단박에 빈 도시락이 되었다. 점심을 먹은 후 곧바로 산행하려니 가슴이 조금 답답했다. 몇십 미터 걸어가는데 호흡곤란 증세까지 왔다.

오르막을 올라갈 때는 가슴이 찢어지는 것 같은 증세가 느껴졌다. 왜 이러지 하면서 일행 중 가까운 친구를 불러 내 몸 상태를 얘기했다. 친구도 내 생각과 같았다. 밥 먹자마자 오르막을 올라 그런 것 같다며 내 배낭을 받았다. 빈 몸으로 가는데 평평한 길을 걸을 때는 아무런 증세가 없다가 약간의 오르막에 오를 때는 같은 증세가 반복되었다. 가다 쉬기를 반복하여 겨우 산에서 내려왔다. 하산하니 언제 그랬느냐는 듯이 통증은 말끔히 사라졌다.

다음 날 당장 병원을 찾았다. 어제 있었던 일을 의료진에게 소상히 얘기하니 심장 초음파를 찍어 보자고 했다. 초음파 기기를 가슴에 올리자마자 내려오란다. 의사는 자신은 심장 전문의가 아니기 때문에 소견서를 줄 테니 심장 전문의에게 가 보란다. 대수롭지 않게 여겼는데 일이 점점 커지는 것 같고 불길한 예감마저 들었다. 불안감을 떨치기 위해 '괜찮겠지.' 스스로 위로하며 심장 전문 병원 문을 두드렸다. 운동부하 검사와 초음파 등 몇 가지 검사를 하더니 CT 촬영하면 더 정확히 알 수 있다며 종합병원으로 다시 이관시켜주었다.

주변에 심장에 스텐트 넣었다는 사람이 더러 있다. 그들의 얘기를 들어보면 이구동성으로 아무렇지도 않게 말을 한다. 나로서는 온갖 걱정으로 머리가 터질 듯이 복잡한데 대수롭지 않게 얘기하니 약간은 위로가 되었다. 무거운 마음으로 다시 병원 문을 열었다. CT 촬영 결과 심장혈관 중에 가느다란 부분이 약간 좁아져 있다는 것을 확인했다. 의사는 약 먹으면 좋아질 것이라며 나를 안심시켰다.

한 달 동안은 몸 관리에 치중했다. 매일 다니던 새벽 운동도 하지 않고 주말마다 가던 산악회도 가지 않았다. 오로지 집과 회사

밖에 몰랐다. 한 달 정도 지나니 계절이 봄이라 푸른 숲이 우거진 산에 가고 싶은 충동이 일어났다. 그길로 새벽마다 다니던 길을 따라 한 시간가량 산허리를 돌았다. 산길을 걷고 나니 기분이 좋았다. 두어 달 만에 조심스레 산악회에 따라 몇 시간 걸어도 아무 이상 증세가 없었다. 몸은 오히려 더 좋아진 것 같았다. 마음이 느슨해지니 심장약도 먹다 말다 반복하다 서너 달 만에 임의로 끊었다.

그렇게 몇 달이 지났다. 그해 시월 올 것이 오고 만 것이다. 종합병원 정밀검사 결과 지난봄과 같이 심장 혈관이 좁아진 것이다. 의료진은 이번에는 심장 스텐트를 넣어야 하겠다며 시술동의서를 내밀었다. 난 말이 나오지 않아 어리둥절했다. 그사이 의사는 수술실로 들어가 시술 준비를 하고 있었던 모양이었다. 간호사가 시술실로 가자는 말에 당황했지만 어쩔 수 없이 심장 스텐트 하나를 넣었다.

병원에서 퇴원한 후 열흘이 지나지 않아 다시 구급차를 타게 되었다. 이번에는 장 유착 증세였다. 우리가 일이 잘 풀리지 않을 때 환장하겠다는 표현을 하게 된다. 환장換腸이란 장이 꼬이고 뒤집히는 것을 말하는데 그렇게 되기까지 고통은 이루 말로 표현할 수 없다. 낮부터 소화가 되지 않는 것같이 뱃속이 불편했다. 별일 아니겠지, 라며 넘겼는데 밤이 되니 배가 너무 아파 고통을 견디지 못해 다시 119구급차를 불렀다. 응급실에서 몇 시간 대기하며 검사를 하더니 결국 열흘 입원해서 장이 풀리는 처치를 받았다. 퇴원 후에 한 달이 지나지 않아 같은 증세로 다시 응급실로 갔다. 그렇게 같은 증세로 6개월에 걸쳐 예닐곱 번이나 구급차를 타게되었다. 마지막에는 하는 수 없이 유착되는 부분을 자르는 수술을 했다.

나에게 이런 시련이 닥칠 줄은 꿈에도 생각 못 했다. 일 년 전까지만 해도 전국에 있는 산과 들을 누비며 다녔던 사람이 환자로 둔갑해 버렸다. 일 년을 병원에 오가다 보니 매사에 자신감이 떨어지고 건강염려증까지 걸렸다. 고통을 겪어본 사람이 아픈 사람 심정을 안다더니 내가 그런 셈이다. 몇 번이나 구급차를 타면서 이러다 죽겠다는 생각까지 들었다.

심장 이상으로 스텐트 시술과 장 유착증을 겪고 난 후에는 생각이 바뀌었다. 건강을 잃으면 모든 것을 잃는다는 말이 나를 두고 한 것 같았다. 그 이전까지는 앞만 보고 살았다면 저승 문 앞까지 몇 번이고 들락거리고 나니 모든 것에 감사하는 마음을 갖게되었다. 성격까지 달라졌다. 예전에는 거침없이 달리는 외향적인 사람이었다면 이제는 남을 배려하는 마음을 가지려고 한다.

사람이 살아가는 데 여러 가지가 필요하다. 먼저 나를 포근히 안아줄 따뜻한 가정이 필요하고, 경제력도 있어야 하고, 허물없이 지내는 친구도 있어야 한다. 내가 도움을 받기 전에 타인을 배려하려는 마음도 있어야 한다. 생각을 바꾸니 삶이 달라지고 입가에는 미소가 떠날 날이 없다. 누군가 나를 두고 죽을 고비를 몇 번이나 넘겼다며 안타까운 시선으로 바라보지만, 그럼에도 나는 행복하다.

생태계 포식자

덩치 큰 나무가 말라죽기 직전에 와 있다. 그의 목줄을 옥죄고 있는 것은 다름 아닌 가시박이다. 칡이나 환삼덩굴은 줄기를 타고 올라가기에 포악하기 이를 데 없어 그에 따른 피해는 갈수록 심각하다. 가시박에 한번 걸려들면 나무 전체를 덮어버리는 것은 시간문제다. 낙동강 주변은 온통 가시박 세상으로 변해가고 있었다.

서늘한 바람이 여름 끝자락을 몰아내던 날, 자전거를 타고 달성습지 탐방에 나섰다. 맹꽁이 서식지로 유명한 대명 유수지에는 억새가 속살을 드러내며 은빛 물결을 이룬다. 길섶에 길게 늘어선 코스모스는 활짝 피어 일렁이는 바람에 하늘거리며 어서 오라며 인사를 한다. 푸름으로 가득한 달성습지는 덩굴 식물과 나무가 엉켜 호흡이 곤란하다며 아우성을 지른다. 그중에서 눈에 띄는 식물이 가시박이다.

수년 전에는 무슨 식물인지도 몰랐다. 햇살 좋은 늦가을에 친구와 화원 동산을 지나 낙동강 둑길을 걸었다. 강 가장자리에는 알 수 없는 식물이 우후죽순으로 자라고 있었다. 가까이 가서 보니 박 잎보다는 작고 오이 잎 같은 것이 눈에 띄었다. 지난봄에 오이 농사했던 분이 덩굴을 이곳에 버려 거기서 새순이 돋아난 것으로 착각했다. 그때는 귀화식물이 아닐까 하는 의구심은 전혀 없었다.

한동안 잊고 있었는데 이번 달성습지 탐방에서 가시박이라는 것을 알게 되었다. 가시박 원산지는 북아메리카이며 우리나라에 건너올 때는 오이나 수박 모종의 접목용으로 사용하기 위해서였다. 이렇게 시작된 가시박은 강을 따라 기하급수적으로 번져나갔다. 씨방이 민들레처럼 바람을 타고 이동하기에 몇 년 사이에 낙동강 일부를 뒤덮다시피 해 버렸다.

언젠가부터 자리공도 이 땅에 뿌리를 내렸다. 다행히 가시박처럼 크게 번져나가지는 못했다. 열매가 머루 송이와 비슷해 새나 산짐승의 힘을 빌려야 씨를 옮길 수 있기 때문이다. 지금도 산에 오르내리다 보면 자리공이 군락을 이루고 있는 모습을 가끔 볼 수 있다. 그때마다 산림 훼손에는 영향을 미치지 않을까 하는 걱정스러운 마음으로 발길을 옮긴다.

황소개구리도 마찬가지다. 십여 년 전만 해도 이른 봄이면 크고 작은 저수지는 황소개구리 알로 시커멓게 물들었다. 그들은 성장과 동시에 하천으로 건너가 토종생물을 잠식했다. 냇가나 저수지에 사는 붕어나 잉어, 토종개구리, 심지어 뱀까지 닥치는 대로 잡아먹었다. 황소개구리의 천적이 없다는 언론보도가 있었는가 하면 두꺼비가 천적이라는 보도가 있었다.

지금에 와서는 황소개구리 소식은 잠잠해졌다. 그의 천적은 다름 아닌 자신들이었다. 개체 수가 줄어든 원인을 한국 양서파충류 연구소에서 밝혀냈다. 같은 혈연끼리 짝짓기를 계속해 악성 유전자가 대물림되었다. 유전자가 단순해지면서 농약이나 나날이 변화는 환경, 수질오염 물질에 적응하지 못하게 되었다는 것이다.

한 달쯤 지나 다시 달성습지에 가 보았다. 가시박은 여전히 활개를 치며 생태계 포식자로 군림하고 있었다. 이번에는 가시박 덩굴을 걷어내려고 시도해 보았다. 줄기 한 움큼을 잡아당기니 서로 얽히고설켜 도저히 딸려 오지 않았다. 특히 덩굴 표면이 매끄럽지 않고 까칠한 털로 무장하고 있어 손과 팔에 상처를 입었다. 열매가 어떻게 생겼는지 궁금해 찬찬히 찾아보았지만 꽃술만이 간간이 보였다. 가시박 속에 들어서 있으니 내가 그들의 먹잇감이 된 기분이었다.

가시박은 여느 식물과 달리 가을이 되어도 시들 줄 모른다. 대다수 식물은 무서리가 내리면 잎이 시들어 버리고 이내 줄기까지 말라버린다. 가시박은 기온이 내려가도 성장을 멈추지 않는걸까.

가시박 천적은 어디에 있을까. 지금과 같은 추세라면 수년 내로 가시박 덩굴 외는 다른 종의 식물은 살아나지 못할 듯하다. 굴러들어온 돌이 박힌 돌을 빼낸다는 속담이 거짓은 아닌 것 같다. 개울이나 하천에 터를 잡고 사는 우리의 고유 식물인 여뀌라든가 물봉선화는 외래종에 밀려 자취를 감춰 버린 지 오래다. 오래전부터 봉사단체나 환경단체에서 이른 봄부터 가시박 모종을 제거한다고는 하지만 한계가 있을 것이다.

지금도 알게 모르게 귀화 식물이 늘어나고 있다. 외래종이라고 모두 나쁜 것은 아니겠지만 오랫동안 살아온 자생식물이 피해를 입어서는 안 된다. 내가 사는 지역도 몰라보게 달라졌다. 어릴 때 화원 동산 풍경을 떠올려보면 푸른 숲과 깨끗한 모래가 먼저 생각난다. 여름날 따가운 태양을 머리에 이고 어머니를 따라 했던 낙동강 모래찜질이 잊히지 않는다. 맑고 깨끗했던 강물과 고운 모래는 어디로 갔는지 흔적조차 없다. 아름드리 버드나무가 빽빽이 있었는데 오늘에 와서는 황망하기 그지없다.

가시박 분포지역은 경북 북부와 충청 강원까지 번졌다. 황소개구리 못지않게 한동안은 가시박으로 강과 하천이 몸살을 앓을 것이다. 가시박에 휩싸여있는 나무가 내년에 새순이 돋아날지 의문

이다. 산업화가 되면서 예전보다 살기는 좋아졌다지만 정작 우리
가 지켜야 할 것은 무엇인지를 잊고 사는 것 같다.

틈새는 있기 마련

어림짐작으로 일백 년은 되어 보인다. 깎아지른 칼바위 틈 사이로 소나무 한 그루가 굳건히 자리하고 있다. 한여름 이글거리는 태양도 그의 목을 옥죄지는 못한다. 물 한 방울 나지 않는 꼭대기에서 어떻게 견디는지 자못 궁금하다. 하늘을 향해 우뚝 솟은 바위를 비집고 살아있다는 것이 신기할 뿐이다. 작은 솔 씨 하나가 바람을 타고 날아다니다 하필이면 저곳에 뿌리를 내렸을까.

한때는 분재 가꾸기에 심취했다. 산에 다니면서 분재하기에 좋은 나무들이 눈에 많이 띄었다. 특히 갈라진 바위틈을 비집고 자라는 나무는 나지막한 크기에 균형도 잡혀 더욱 탐이 났다. 이런 나무를 보면 집으로 캐 오고 싶은 충동은 느끼지만 살리기가 어렵다. 자연 속에서 자란 나무는 다른 곳으로 옮기면 이내 잎이 시들어 버리고 며칠 못 가 말라 죽는다. 나무뿐만 아니라 식물도 마찬가지다.

지난봄 우리 집에 작은 변화가 있었다. 두꺼운 콘크리트로 채워진 마당에 민들레 한 포기가 살포시 얼굴을 내밀었다. 틈이라고는 찾아볼 수 없는데 발아는 어떻게 했는지, 노란 꽃망울을 피우는가 싶더니 홀씨가 되어 바람을 타고 하늘로 날아가 버렸다. 여름이 가까워오자 채송화도 몇 포기 눈에 띄었다. 바늘구멍보다 좁은 틈을 타고 그들은 생명줄을 연결했다. 잡풀이 솟아난 자리에 제법 큰 틈새가 벌어졌다.

어느 곳에나 틈새는 있기 마련이다. 침체된 경기는 회복될 기미가 보이지 않는다. 가정경제가 어려워지면서 사람들은 지갑을 닫는 실정이다. 나 역시 주머니가 얇아지면서 씀씀이를 줄이려 노력하고 있다. 물건을 구매할 때는 꼭 필요한 것인지를 한 번 더 생각해 보게 한다. 상황이 이렇다 보니 본의 아니게 자주 들르는 곳이 있다. 박리다매로 영업하는 가게들이다. 시중 가격보다 저렴하면서도 필요한 물건은 다 있었다. 아마도 불황의 틈새를 이용해 호황을 누리는 것 같다.

우연히 나를 돌아보게 한 계기가 있었다. 친구들과 어울리다 무심코 하는 그의 말이 귀에 쏙 들어왔다. 내가 술 한 번만 참으면 아들 학원 한 달 보낼 수 있다며 의미심장한 말을 툭 던졌다.

그는 별다른 뜻 없이 한 이야기 같지만 나는 정신이 번쩍 들었다. 그의 말이 몇 날 며칠 머릿속에서 떠나지 않았다. 지금까지 나는 어떤 자세로 살아왔는가를 되돌아보았다. 친구의 느닷없는 말에 충격을 받고 그 후로 나 자신과 약속했다.

이전까지는 동네 사람들과 자주 어울렸다. 특별한 이유도 없이 그저 음식점에서 먹고 마시며 시간 보내는 것이 고작이었다. 이렇다 보니 주머니는 점점 가벼워졌다. 이 기회에 친구들과 어울리는 것은 다음으로 미루기로 마음먹었다. 한 달 쓸 돈에서 일정 금액을 떼어 저축부터 해 보기로 했다. 티끌 모아 태산이라 했던가. 삼 년 넘게 틈틈이 모았더니 생각보다 많은 숫자가 통장에 찍혔다. 시작은 미미했지만 이렇게 큰돈이 될 줄은 나 자신도 몰랐다. 쉽지 않을 것 같았는데 결코 어렵지는 않았다. 구름 위를 걷는 기분이었다. 친구의 한마디가 나를 부자로 만들어 주었다. 더구나 나의 씀씀이를 줄여가며 모은 돈이기에 더욱 의미가 있었다.

바위틈에 자라는 나무도 하루아침에 잎을 틔우고 줄기가 굵어지지는 않았으리라. 밤낮을 친구 삼아 비바람과 폭풍우를 견디다 보니 지금까지 그 자리에 머물 수 있었다. 칼바위 꼭대기에 올라앉은 소나무는 자손을 퍼뜨리기 위해 솔방울을 많이 달았다. 늦가을, 포근한 바람이 부는 날에 씨앗을 세상으로 날려 보낼 것 같다. 틈새의 이치가 새롭게 다가오는 하루다.

겨울 산행

　1월 중순, 겨울 한복판 아주 깊숙이 들어와 있는데 어찌 된 일인지 봄 같은 날씨다. 분명 이상기후는 아닌 것 같다. 사나흘 전에는 북극한파가 몰려왔다. 엎친 데 덮친 격으로 눈까지 내려 도시 전체가 꽁꽁 얼어붙었다. 우리나라가 아열대성 기후로 바뀌어 간다고들 하지만 사나흘 추우면 사나흘은 따뜻해지는 것은 예나 지금이나 변함이 없다.

　눈을 뜨니 아침이다. 출근하지 않으니 포근한 이불 속이 여유롭다. 장기간 경기침체로 일감이 없어 잠시 일을 쉬기로 했다. 그 와중에 한파까지 몰아쳤다. 경기불황으로 마음이 추우니 몸도 움츠러드는 것 같다. 가뜩이나 경제가 좋지 않은데 코로나19까지 겹쳐 살아가기가 더 어렵다. 평소 같으면 이불을 걷어차고 벌떡 일어나야 할 시간이지만 그렇지 못하다. 이불 속에서 이런저런 생각을 하다 불현듯 팔공산 갓바위로 겨울 산행을 가고 싶었다.

주저 없이 일어나 행동으로 옮겼다. 먼저 배낭을 꾸렸다. 냉장고를 뒤져 간식이 될 만한 것을 몇 가지 챙기고 입고 갈 옷을 점검했다. 갓바위 정상은 해발 850m로 산에 오르면 추울 것 같아 내의를 입고 겉옷을 두어 가지 더 입었다. 번갯불에 콩 볶아 먹는다는 말이 있듯이 재빠르게 움직였다. 지하철과 버스를 번갈아 타고 갓바위 들머리에 내리니 오전 10시 반쯤 되었다.

본격적인 산행에 앞서 양초를 샀다. 불심佛心은 그리 깊지 않지만 사찰에 들를 때면 언제나 초와 향을 준비한다. 초는 자신의 몸을 태워 밝은 빛을 내며, 향은 그윽한 향기를 내어 세상 구석진 곳에까지 향기로움으로 번져 나가기 때문이다. 불자로서 한 달에 한 번은 갓바위를 올라야 되겠다는 생각은 있지만 마음먹고 오기란 만만치 않다. 집에서 나서면 별것 아닌데 대구시 남쪽에서 북쪽으로 오는 과정이 쉽지는 않다.

향과 초를 배낭에 넣고 산을 오르기 시작했다. 일 년 만에 이 길을 오른 셈이다. 지난 이맘때도 갓바위에 온 적이 있다. 해가 바뀌니 갓바위 부처님께 새해 인사도 할 겸 갔다 와야 마음이 홀가분하다. 이상스러운 날씨. 며칠 전에는 몇십 년 만에 불어닥친 한파가 맹위를 떨쳤다. 그러나 산에 오르는 이 시간만큼은 완전 봄

날씨다. 낮 기온이 영상 15도란다. 산에 오르면 추울까 싶어 집에서 나설 때 여러 겹으로 옷을 껴입었는데 그 탓에 몸이 우둔해 말을 듣지 않는다. 오히려 불편하기 그지없다. 십여 분 걸으니 답답해 윗옷 한 가지를 벗었다.

서너 달 전부터 체중감량을 위해 적게 먹고 운동을 했더니 효과가 있는 것 같다. 몸이 가벼워지고 가파른 오르막을 올라도 숨이 차오르지는 않는다. 대신 무릎은 여전히 문제다. 사오 년 전부터 시작된 무릎 통증은 낫지를 않고 좋아질 기미가 보이질 않는다. 처음에는 의료진에 권유에 무리하면 안 된다기에 산에 가는 것은 물론이고 가벼운 걷기 운동조차 하지 않았다. 그렇게 이 년 가까이 쉬어도 효과는 없었다. 그 이후로는 이래도 아프고 저래도 안 좋은데 다시 걷기를 시작으로 산에 다닌다.

포근한 겨울날씨. 구름 한 점 없는 파란 하늘이 투명하다. 바람조차 고요하여 적막감이 인다. 여러 겹으로 입은 옷이 무게감으로 느껴진다. 갓바위가 가까워질 무렵에는 등줄기부터 시작해 온몸에 땀이 줄줄 타고 내렸다. 한 시간 남짓 걸려 관봉 갓바위에 올랐다. 이렇게 오면 되는 것을, 불상 앞에는 많은 사람이 각자의 염원을 안고 열심히 절을 하고 있었다. 그 틈바구니에 끼여 나도 갓바위 부처님께 참배를 했다.

갓바위 부처님은 인자한 표정이다. 우리나라 불상의 대부분이 그러하듯 바라볼수록 편안함을 느낀다. 대여섯 번의 절을 하고 난 후 자리에서 나왔다. 갓바위 주변에 보이는 산들은 한 편의 동양화를 보는 기분이다. 햇살이 비치니 쌓였던 눈이 녹으면서 수증기가 희뿌연 연기처럼 피어 하늘 끝까지 오른다. 날이 맑아 경산 쪽으로 대구 방향으로 깨끗하게 멀리까지 보인다. 오르막이 있으면 내리막도 있듯이 내려올 때는 편안해야 하는데 그게 아니었다. 내려올 때는 무릎이 좋지 않으니 절뚝거리며 내려왔다.

　이런 것이 번개 산행이다. 산에 가고자 하면 며칠 전부터 동행할 사람과 약속을 하곤 했는데 갑자기 떠나니 더 좋다. 갓바위로 겨울 산행을 감행하지 않았다면 하루는 무엇을 하며 지냈을까, 그나저나 언제 끝날지 모르는 코로나19가 하루바삐 해결되었으면 좋겠다. 보고 싶은 사람, 그리운 사람이 너무 많은데.

그 사람이 보고 싶다

나는 빚쟁이다. 살아오면서 주변 사람에게 여러모로 도움은 많이 받았지만 그 은혜를 갚은 기억은 없다. 어쩌다 이렇게 되었을까, 지난 일을 되돌아본다.

많은 시간이 지났다. 언젠가 허리 통증으로 움직이기조차 힘든 때가 있었다. 한 달 가까이 계속된 고통은 십 분을 누웠거나 앉아 있지 못할 정도로 괴로운 시간의 연속이었다. 이런 일이 동네에 알려지면서 하루는 낯선 사람이 집을 방문했다. 얼마 전에 이곳으로 이사 왔다며 자신을 소개했다. 집에 온 까닭은 나의 건강 회복을 위한 기도를 해 주기 위해서란다. 종교를 떠나 찾아온 손님이기에 친절하게 맞이했다.

다음 날 또 왔다. 그는 거실에 앉자마자 어제와 같이 성경책을

꺼내 들었다. 어느 한 구절을 읽은 후 혼잣말로 중얼거리더니 '아
멘.'이라는 말로 기도를 끝맺었다. 기독교식 기도하는 모습은 태
어나 처음 보았다. 내가 믿는 종교는 아니지만 몇 번 저러다 말겠
지 하며 개의치 않고 넘겼다. 갈수록 그게 아니었다. 종교적인 목
적이 있어 찾아오는지는 몰라도 주말이면 집으로 출근하다시피
했다. 더군다나 아직은 어떤 사람인지도 잘 모르는데 찾아온 지
벌써 한 달 가까이 되었다. 나는 불교에 관심을 두고 있다. 독실한
믿음은 부족하지만 마음은 늘 그쪽으로 향하고 있다. 이제는 고
마운 마음보다 점점 커지는 기도 소리가 듣기 싫어졌다. 결국에는
더 이상은 오지 말라고 했다. 그럼에도 불구하고 몇 번이나 더 방
문하기에 더는 원하지 않는다며 매몰차게 거절하니 그제야 발길
을 돌렸다.

  그 일이 있고 십 년이라는 세월이 흘렀다. 생활이 안정되고 마
음에 여유가 있으니 예전에 나를 위해 기도해 준 그 사람이 생각
났다. 그때는 좁은 생각으로 성질도 내고 입에 담지 못할 말을 했
지만 돌이켜 생각해 보니 고마웠다. 내 가족이 아닌 생면부지 사
람에게 기도해 주기가 쉽지 않다는 것을 그제야 알았다. 이름도
나이도 모르는 그를 찾아보기로 했다. 먼저 예전에 그가 다니던
교회를 찾아가 보았으나 불행히도 그곳에 안 나온 지 오래되었단
다. 그와 가까이 지내던 교인도 근황을 아는 사람은 없었다. 그 후

로도 생각날 때마다 간간이 찾아보았으나 허사였다. 잊을 만하니 우연하게 그의 소식을 알려주는 친구가 있었다. 목사가 되어 어느 아파트 근처에서 목회활동을 하고 있다고 했다.

당장 찾아 나섰다. 그 동네는 교회가 열 군데나 넘게 있었다. 한 곳씩 차근차근 방문해 보았지만 어찌 된 영문인지 그는 보이지 않았고 아는 사람도 없었다. 친구의 정보가 잘못 되었던 것 같았다. 어쩔 수 없이 이제는 그가 잘되기를 마음속으로나마 기도했다.

꿈을 꾸면 이루어진다고 했던가. 길거리서 우연히 안면 있는 사람을 만났다. 자세히 보니 예전에 나를 위해 기도해준 분의 아내였다. 나는 반가워 어찌할 줄 모르는데 상대방은 영문을 몰라 당황하는 눈치였다. 지난 일을 한참이나 설명하고 난 후에야 서로의 안부를 물었다. 알고 보니 그는 우리 집에서 그리 멀지 않은 곳에 개척교회를 설립했단다. 조만간 찾아뵙겠다는 인사를 끝으로 헤어졌다. 마음이 이런가 보다. 차일피일하다 그를 찾아가 보지 못했다. 어느 곳에 살고 있다는 것을 알고부터는 더는 궁금하지 않았다. 그러나 나를 위해 기도해 주던 모습과 고마운 생각은 마음 한구석에서 늘 자리 잡고 있었다.

지난해 교회가 있다는 근처에 일이 있어 들렀다. 그곳에도 많은 변화가 있어 어디가 어딘지 분간할 수 없었다. 고층 건물이 즐비하고 교회 또한 여러 군데 있었다. 그를 만날 수 있다는 기대에 부풀었지만 이번에는 교회 이름을 물어보지 않은 것이 큰 실수였다. 만나면 건강한 모습을 꼭 보여주고 고맙다는 인사를 하고 싶었는데 섭섭한 마음을 가눌 수 없었다. 만날 수 있는 인연이 아직은 되지 않은 것 같아 발길을 돌렸다.

나는 다른 사람을 위해 기도해 본 적이 없다. 지금 와서 되돌아보니 감사해야 할 사람이 한두 분이 아니다. 그러나 이젠 생각을 바꾸었다. 내게 도움을 준 사람을 찾기보다 나를 필요로 하는 곳을 찾으려 마음먹었다. 힘들고 어려울 때 정성껏 기도해 준 그 모습을 떠올리며 봉사할 생각이다.

그 사람은 나에게 사랑과 베풂이 무엇인지를 가르쳐 주신 분이다. 살아있는 동안은 언젠가는 만날 수 있으리라 생각해본다. 지금은 어디에서 목회 활동을 하는지 알 수 없지만 항상 행복했으면 하는 것이 나의 바람이다.

뒷모습이 아름다운 사람

거울에 비친 내 모습. 세월의 흔적만큼이나 나이테가 배어있다. 얼굴에는 굵은 밭고랑 서너 개가 계급장처럼 떡하니 자리를 차지하고 있다. 이마 위로 휑하니 올라간 머리카락은 개수를 셀 수 있을 정도로 듬성하다. 뒷모습은 내 눈으로 확인할 수 없으니 짐작으로 그럭저럭 보기 싫은 정도는 아닐 것으로 내심 믿고 싶다.

근래 들어 이상한 습관이 들었다. 언젠가부터 자꾸만 뒤를 돌아보는 것이다. 자리에서 일어날 때는 뭔가 모르게 허전한 기분이 들어 뒤를 보고 다시 확인하는 버릇이 생겼다. 집을 나설 때도 마찬가지다. 주머니에 손을 넣어 들어갈 소지품은 있는지 감각적으로 뒤적뒤적 몇 번이나 만져본 후에야 집을 나선다.

인터넷에 나이와 관련된 이야기가 많다. 그중에서 나이가 들면

주머니는 열고 말수는 줄이라는 글에 크게 공감을 한다. 나도 알지 못하는 사이에 어느덧 장년을 넘어 노년 축에 들다 보니 여러모로 신경 쓰이는 것이 많다. 남을 의식해서가 아니라 나의 말과 행동에 자꾸만 조심스러워진다. 아무런 생각 없이 내뱉은 말에 누군가 상처가 되지 않을까 하는 마음에서다. 다른 사람의 의견은 무시하고 내 주장만 강요하지는 않았나 하는 생각을 떨칠 수가 없다.

지금의 내 고민은 말실수다. 집에만 들어오면 입 다물고 벙어리가 되는데 밖에 나가면 마구잡이로 떠드는 딱따구리가 된다. 특히 친구 모임에서는 더욱 그렇다. 집에서 나설 때는 말수를 줄여야지 하면서 사람들과 어울리다 보면 또 쓸데없는 말을 많이 하고 만다. 내가 다니는 절에 스님은 말은 많이 하다 보면 실언하기 마련이라고, 그러기에 내가 말하는 것보다 다른 사람 이야기에 귀 기울여 주는 것이 더 바람직하다고 했다.

이런 사람하고는 어울리기 싫을 때가 있다. 남에게 칭찬은 못 해줄망정 허물을 들추어내는 사람이다. 누가 어떻다부터 시작하는 "카더라 통신"으로 동네방네 떠벌리는 사람. 자신의 코가 석 자인 줄 모르고 남의 말만 듣고 흉허물을 줄기차게 옮기는 사람, 이런 사람은 어딜 가도 환영받지 못한다. 오히려 냉대받지 않는 것에 다행이라 생각해야 한다.

마음에 여유가 없어서일까, 각박한 세상에 살다 보니 모든 것이 빨리 빨리다. 걸음걸이도, 밥 먹는 시간도 빨리다. 웃기는 일은 공중화장실에서 볼일 본 후 나오면서 바지 앞 지퍼를 수습하는 사람도 있다. 전화도 그렇다. 용건을 이야기하기 전에 안부라도 물으면 다짜고짜 왜 전화했냐고 재촉하듯 목소리가 다급해진다. 대화의 기술이 필요하다. 상대방의 말이 끝나기도 전에 자신의 이야기로 끼어드는 사람도 있다. 이렇게 되면 깊은 대화는커녕 중요한 말도 끊어버리고 만다.

뒷모습이 아름다운 사람, 운동으로 다져진 몸짱으로 불리는 사람이 아니다. 이십대는 그에 걸맞게 활기찬 모습이 되어야 하고 육십대는 여유 있는 몸짓이어야 아름답게 보인다. 나의 뒷모습은 어떨까, 언젠가 생면부지인 사람에게 "선생님 뒷모습이 아주 보기 좋습니다."라는 생뚱맞은 얘기를 들었다. 물론 기분은 나쁘지 않았지만 "앞모습은 뱃살이 파도를 치는데 보기 좋긴요." 했더니 아니란다. 앞모습은 비록 뱃살이 조금 있기는 하지만 걸음걸이에서 여유가 보인다는 말에 칭찬인지 핀잔인지 모르겠지만 듣기 싫지는 않았다.

진정한 멋이란, 외모에 치중하기보다는 내면에서 은은히 우러나는 인품이다. 헛된 욕심을 부리기보다는 배려와 존중으로, 시기나 질투가 아닌 사랑과 너그러움으로, 화려하기보다 소탈한 사람이 뒷모습이 아름다운 사람이다.

숲의 힘

　도심에 나무가 없다면 어떻게 될까, 상상도 못 할 일이다. 섭씨 35도를 오르내리는 여름날, 불볕더위에 사람은 움직이기조차 힘들어진다. 다행히 우리나라는 도심에 푸른 나무가 곳곳에 심겨 있고 군데마다 녹지가 잘 조성되었다. 그런 환경 속에 사는 우리는 행복한 일이다.

　어려서부터 산에 오르기 좋아했다. 5, 60년대, 당시에는 대부분 농사를 짓고 살았는데 힘쓰는 일은 소가 담당했다. 파릇한 새싹이 들과 산을 가득 채우면 아이들은 소를 몰고 산으로 올랐다. 민둥산에 소를 풀어놓고 실컷 놀다가 해거름이 되어서야 소를 몰고 집으로 왔다.

　중학교 다닐 때였다. 식목일 날 담임 선생님 인솔 아래 반 친구들은 소 풀 먹이던 민둥산에 어린 소나무를 빽빽이 심었다. 그것이 어언 오십여 년이란 시간이 지나고 나니 그때 민둥산에 심은 소나무가 푸른 숲으로 바뀌었다. 우리가 무관심으로 보낸 사이에 나무는 꽃을 피워 향기를 내뿜고 잎에서는 엽록소가 세상의 공기를 맑고 신선하게 정화시켜주고 있다. 경제가 발전하면서 도시화되는 것은 시간문제였다. 예전에는 논과 밭이었던 자리에 고층 아파트가 들어서고 비가 오면 진흙탕이었던 길이 아스팔트로 포장한 4차선 도로가 되었다. 다행히도 소 풀 먹이며 뛰놀던 추억의 산은 아파트를 짓지 않고 그대로 두었다.

아파트가 들어온 후로는 사람들은 건강 염려증에 걸린 것 같았다. 밤낮을 가리지 않고 틈만 나면 산을 찾았다. 나도 그들 대열에 합류해 동이 틀 무렵부터 산에 오르기 시작했다. 누가 먼저라고 할 것 없이 아침 다섯 시면 여남은 명이 아파트 앞 공원으로 모였다. 미처 시간을 맞추지 못한 사람은 곧 뒤따라 올라왔다. 해발 삼백 미터가량 되는 도심 속에 산을 한 바퀴 돌아오는 데는 두어 시간이면 충분했다.

산에 열심히 다니니 건강에는 늘 자신이 있었다. 그러던 어느 날, 평소와 다름없이 아침 등산을 마치고 식사하는데 갑자기 배가 아팠다. 웬만하면 참아 보겠는데 그게 아니었다. 뱃속에서 탈이 났는지 앉지도 서지도 못할 정도로 아파졌다. 참다못해 119에 연락했다. 수화기를 내려놓고 채 5분이 지나지 않아 구급차가 도착했다. 그길로 병원 응급실로 달렸다.

장腸 유착 증세가 있다는 판명을 받았다. 열흘 가까이 입원 치료를 하고 겨우 병원 문을 나올 수 있었다. 한번 탈이 난 대장大腸은 한 달이 멀다고 같은 증세가 반복되었다. 고통이 너무 심해 주치의에게 수술해 달라고 애원하다시피 했다. 우여곡절 끝에 장 유착을 자주 일으키는 부분에 수술하기로 하고 입원했다. 긴장된 상태에서 눈을 감았다. 손등에 미리 찔러놓은 주삿바늘로 액체가 혈관 속으로 타고 오는 느낌이 들었다. 잔뜩 긴장하고 있는데 마취과 의사는 하나에서 열까지 세라고 한다. 이러다 영원히 잠들면 어쩌나 걱정이 되었다.

내가 왜 여기 있을까, 두리번거리다 다시 비몽사몽으로 돌아갔다. 아무리 정신을 가다듬으려 몸부림쳐도 마음대로 되지 않았다. 간간이 사람 지나가는 소리만 들릴 뿐, 주위는 고요했다. 그때 어디선가 "깨어났어요." 하는 목소리가 귓전을 파고들었다. 그제야 내가 수술실을 마치고 나왔다는 것을 직감할 수 있었다. 주치의는 수술 후 고통스러워하는 내게 다가와 마취가 빨리 깨어났다며 비결이 무엇이냐고 농담처럼 물었다.

숲의 힘은 가히 위력적이었다. 수술을 끝내고 회복실로 나오는 과정에서 마취에서 완전히 깬 것이었다. 서너 시간 수술을 한 후에 보통 사람은 회복실을 거쳐 병실에 와서도 마취가 깨나지 않는다는데 나는 다른 사람과는 조금은 다르다고 했다. 내가 수술실에서 마취가 빨리 깨어난 원인은 숲에 있다고 본다. 매일 숲에서 뿜어져 나오는 맑고 신선한 공기를 마시니 나도 모르게 면역력이 좋아지고, 또한 매일 산에 오르내리다 보니 체력이 좋아져 다른 사람보다 마취가 빨리 깨어난 것이었다.

산은 계절이 바뀔 때마다 요술을 부린다. 이른 봄, 살랑살랑 봄바람이 불어오면 솔향기가 산 전체를 진동시킨다. 햇살이 퍼지고 나뭇잎이 기지개를 켜면 생강나무는 노란 꽃을 피우고 연이어 진달래가 연분홍빛으로 물들여 산을 찾는 사람의 눈을 즐겁게 해준다. 여름에는 불볕더위에도 숲속 그늘로 들어가면 에어컨보다 더 시원한 청량감을 전해 준다. 여름이 지나고 가을이 오면 오색으로 물들인 나뭇잎이 사람들을 산으로 불러들인다. 도심 속의 산은 사계절 시민의 휴식처이다.

우리나라는 70%가 산으로 이루어졌다. 요즘은 지역마다 다양한 종류의 나무를 심어 사람들의 발길을 끌어들인다. 그 예로 전라남도 장성군 축령산은 편백나무로 유명하다. 산악회에서 축령산에 두어 번 갔었는데 역시 숲은 살아 있었다. 이곳에는 등산객뿐만 아니라 머리도 식힐 겸 여가를 즐기러 온 사람도 많았다.

내가 즐겨 찾는 산은 이름난 곳이 아니다. 도시화가 되어 고층빌딩 속에 있는 산이다. 그럼에도 그 숲속으로 들어가면 청아한 새 웃음소리를 벗 삼아 내가 신선이 된 느낌이다.

4

그리운 얼굴

채움보다는 비움

욕심, 사전적 정의는 "정도에 지나치거나, 탐내거나 누리고자 하는 마음"이라고 쓰여 있다. 세상에 욕심 없는 사람이 있을까, 자기가 소유한 것에 애착이 없는 사람 또한 없다. 욕심을 버리라고 말은 하지만 그리 쉬운 일은 아니다. 그보다는 자신의 양심을 지키라는 표현이 맞을 것 같다.

그릇에 물이 차면 넘치는 것은 당연한 이치다. 우리는 그 그릇을 채우려고 노력한다. 채우고 채워 철철 넘치는 줄도 모르고 계속 채우기만 한다. 어떤 사람이 구십구만 원이 있는데 일만 원 더 보태어 백만 원을 만들려고 부단히 애를 쓴다. 채움에는 끝이 없다. 젊었을 때 열심히 살아가는 모습은 주변의 귀감이 되기도 한다. 나이가 들고 신체에 노화가 오면서 알뜰살뜰 모았던 재물도

허망해질 때가 있다. 먹고 싶은 것도 참아 가며 모은 돈, 인생의 끝에 이르러서는 어떻게 써보지도 먹어보지도 못한 채로 세상에서 사라져 버린다.

책장이 넘쳤다. 책 읽기를 즐겨 하다 보니 읽고 싶은 책이 있으면 수시로 구매를 했다. 그뿐이랴, 가끔 보내오는 시집이며 에세이, 소설과 매달 오는 문예지를 합치면 이내 책이 쌓인다. 다른 것은 필요 없다고 생각하면 내다 버리는데 책은 잡았다 놓았다 반복하다 다시 그 자리에 꽂히기 다반사다. 다음에 한 번 더 읽어야지 하면서 둔 것이 먼지가 쌓여도 그 자리다. 이제는 책장 옆에서 책이 탑을 쌓고 있다.

글 쓰는 것도 그렇다. 잘 쓴 글이든, 졸필이든 십 년 넘게 낙서처럼 쓴 글이 꽤 많이 모였다. 지나버린 시간이지만 예전에 쓴 글을 한 편씩 읽어보면 당시에 느꼈던 감정이 되살아나기도 한다. 쓰는 것도 중요하지만 이제는 내보내야 할 시간이 가까워진 것 같다. 다른 한편으로는 졸작으로 책을 펴내면 누가 읽겠나 하는 생각도 떨쳐버릴 수 없다. 적어 놓은 글을 읽을 때마다 횡설수설한 부분이 많아 부끄럽고 글을 잘 쓰고 싶다는 미련이 남는다.

몇 년 전에는 큰 낭패를 볼 뻔했다. 오래전부터 은행에 적금 넣는 셈 치고 주식을 조금 해 왔다. 은행이자보다는 수익이 높아 일희일비하면서 나름대로는 재미가 쏠쏠했다. 그러다 지난해는 내가 구매한 주식이 내려가기 시작하더니 급기야 이자는 고사하고 원금보다 더 내려갔다. 급한 마음에 원금에 가까이 회복되면 되팔아야지 하며 하루에도 몇 번씩 컴퓨터로 주식 장만 뚫어지게 보았다. 몇 달을 그렇게 하다 너무 신경 쓰여 결국에는 10% 가까이 손해 보고 팔아버렸다.

지나침은 아니함보다 더 못하다고 했다. 이제는 비우기를 연습할 나이가 된 것 같다. 젊은 시절 열심히 노력해 채웠다면 이젠 비우는 과정도 중요하겠다. 불교 경전에 "삼일수심천재보三日修心千載寶백년탐물일조진百年貪物一朝塵" 삼 일 동안 닦은 마음은 천년의 보배가 되지만, 백 년 동안 탐한 재물은 하루아침에 먼지가 된다는 뜻이다. 굳이 불교 경전이 아니더라도 우리가 익히 알고 있는 내용이다. 그럼에도 불구하고 늙어가면서 재물 욕심을 쉽게 버리지 못하는 것이 또한 사람이다.

채움보다는 비움, 말하기는 쉽지만 행동으로 옮기기에는 만만한 일이 아니다. 나눔의 즐거움을 알게 되면 그때부터는 생각이 바뀌게 된다. 나눔은 그리 거창한 것이 아니다. 물론 경제적인 여유가 있으면 다방면으로 좋겠지만 꼭 물질적이어야만 하는 것은 아니다. 내가 가진 아주 작은 재능이라도 필요한 사람에게 도움을 줄 수 있다면 그것은 큰 행복이 아니겠는가.

나이가 한 살 보태짐에 따라 내려놓아야겠다는 생각을 종종 한다. 내가 움켜쥐고 있다고 해서 만사가 아니라는 것을 잘 알고 있으면서도 실천은 미루고 있다. 칠십이 넘은 지인의 이야기다. 그는 토지를 팔아 정리하면서 사업하다 어렵게 된 친구에게 수천만 원을 대가 없이 주머니에 넣어 주었다. 그들은 어릴 때부터 오랜 기간 친분을 유지하며 지냈다. 난 그분들을 보면서 나라면 어땠을까, 라는 생각을 해보았다.

세상살이가 녹록하지는 않다. 그럴 때마다 여러 생각이 뇌리에서 떠나지를 않는다. 속담에 내 손에 주어진 것보다 남의 떡이 더 크게 보인다고 한다. 살면서 내 그릇에서 어느 정도 물物이 빠져나가니 어느 틈엔가 다시 그대로 채워져 있다는 것을.

어느 가을날 오후

매연 자욱한 회색빛 거리를 떠나 자연으로 달린다. 상수리 나뭇 잎이 노랗게 물들어 시골 마을 지붕 위에 내려앉았다. 들판에는 농부들이 가을걷이에 분주하다. 가을 하늘은 더 푸르고 높게 올랐다. 나는 산새들이 정겹게 노래 부르는 산길을 오른다.

생전에 한 번도 겪어보지 못한 일, 지난해부터 전 세계로 번진 괴질 코로나바이러스 이야기가 아니다. 태어나 처음으로 지인의 아내 추도식에 가는 길이다. 지인은 할아버지부터 삼 대째 기독 교 장로이시다. 그와는 달리 난 조상 대대로 불교를 신봉하는 집 안에 태어나 예닐곱 살부터 절에 다니기 시작해 오늘에 이르고 있 다. 살아오면서 교회는 수년 전에 단 한 번 가봤다. 교회 갈 생각 을 한 이유는 불교 외에 타 종교를 알고 싶었고 틈틈이 성경을 읽고 있었다. 그러던 차에 이웃에 사는 지인이 같이 교회에 가보자고 했기 때문이다.

교회에 들어서는 순간부터 어리둥절했다. 절은 조용한 가운데 차분한 마음으로 자신의 소원을 빌거나 기도를 하는데 교회는 그렇지 않았다. 피아노 반주에 맞춰 노래를 부르고 기타와 같은 여러 악기를 연주하면서 흥을 돋우는 것 같았다. 난 호기심으로 맨 앞줄에 앉았지만 아무것도 몰라 눈만 껌벅껌벅했다. 찬송 노래가 끝나자 목사님이 단상에 올라오고 성경 일부를 읽기도 하고 다시 설교로 이어졌다. 기억 속에 교회 모습은 이것이 전부다.

딱 한 번, 그 이상은 교회에 가지 않았다. 이유는 간단했다. 교회에 나간 다음 날부터 낯선 사람으로부터 전화가 잇달아 왔다. 교회에 나오라는 선교였다. 난 그게 싫었다. 교회에 가고 안 가고는 내 자유인데 누군가에게 강요당하는 기분이 들어 불쾌했다. 대한민국은 종교의 자유가 있는 나라다. 종교로 인해 누군가에게 설득당거나 강요를 받아서는 안 된다. 내가 교회에 그만 가겠다는 의사 표현을 분명히 했음에도 사람을 바꿔가며 집요하게 전화를 해댔다.

상큼한 가을바람을 맞으며 달리는 고속도로, 산에는 형형색색 색동옷으로 갈아입었다. 중부 내륙고속도로 김천 나들목을 빠져나와 칠곡 방향으로 십여 분 달려 어느 산자락에 다다랐다. 우리는 차에서 내려 준비해간 꽃을 들고 묘지가 있는 산으로 올랐다. 산모롱이부터 단풍은 낙엽이 되어 오솔길 흔적을 지우고 있었다. 오솔길에 나뭇잎이 수북이 쌓였다는 것은 사람의 왕래가 드물었다는 증표이다.

잘 정비된 가족묘지, 솔직히 부러웠다. 윗대 할아버지부터 계단식으로 꾸며 자손 세대로 내려오면서 이어지는 묘. 넓은 벌 안에다 양옆으로는 잘 가꾸어진 향나무와 소나무, 여러 그루의 꽃나무가 심겨 있었다. 우리 집안도 경북 성주군 어느 야트막한 산에 가족 묘지가 있다. 아쉽게도 묘는 산 전체에 흩어져 있다. 벌초나 성묘 갈 때마다 형제들은 한 군데로 모아야 한다는 의견만 분분할 뿐, 누가 나서서 일을 추진하는 사람이 없다 보니 늘 갑론을박으로 끝나고 만다.

전혀 경험해보지 못한 기독교 추도식은 어떻게 진행하는지 궁금했다. 불교 집안인 우리는 성묘를 가면 아버지께서 하시던 방식대로 지금껏 이어오고 있다. 가져간 음식을 묘지 앞에 차린 다음 향불을 먼저 피우고 술을 따랐다. 그런 다음 경건함과 공경하는 마음으로 축문을 읽고 절을 두 번 하는 것으로 마무리한다. 자식들에게는 집안 윗대 어른들의 행적을 이야기해주고 산소 앞에서는 공경과 감사하는 마음으로 예를 올려야 한다고 가르치고 있다.

그리스도교 추도식은 생각과는 달리 단출했다. 절하는 것도, 축문 읽는 것도 없이 묘지 앞에 꽃다발을 놓아두는 것이 전부였다. 텔레비전에서 보는 것과는 달라 약간은 의아했다. 산소에서 내려오면서 지인에게 기독교는 원래 그렇게 하느냐고 물어보니 아니라는 대답이었다. 불교도인 나를 배려하는 마음에서 기독교식 추도는 하지 않고 꽃만 두었다고 했다. 그 말을 듣는 순간 마음이 찌릿했다. 배려는 감사하지만, 나 때문에 사랑하는 아내의 묘 앞에서 기도문조차 외지 못하고 찬송가 한 소절 부르지 못하게 한 것 같아서 미안함에 마음이 무거웠다.

그나저나 기분은 좋았다. 살아생전에는 뵙지 못했지만, 내가 존경하는 사람의 선대 어른부터 아내의 산소를 찾아뵙고 인사를 드릴 수 있다는 것에 감사했다. 내가 간단히 적어간 두서없는 추도사를 묘 앞에서 읽을 수 있었고, 작지만 나의 마음이 담긴 꽃을 지인의 부인 묘 앞에 두고 온 것에 뿌듯한 생각이 들었다.

얼마간 시간이 지난 후, 나는 유튜브를 통해 추도 찬송가를 배우고 있다. 이 또한 생전 처음 들어보는 노래다. 경쾌한 리듬의 밝은 노랫말이 있고, 느리면서 애상적인 가사도 있었다. 언제가 될는지는 모르지만 다음에 갈 때는 함께 추도 예배를 드려야겠다는 마음에서다.

오늘따라 파란 가을하늘에 새털구름조차 보이지 않는다. 계절이 이대로 멈춰 있었으면 좋겠다.

실없는 눈물

멀쩡한 눈에 티가 들어갔나, 자꾸만 눈물이 난다. 아마도 눈물 샘에서 홍수가 난 모양이다. 옛 어른들은 남자가 눈물이 많으면 안 된다고 했거늘 장소를 불문하고 실바람만 불어도 줄줄 타고 흐른다. 이러다가도 정작 눈물이 나야 할 때는 아무리 감정 몰입을 해도 두 눈은 멀뚱멀뚱해진다.

텔레비전을 보다가 왈칵 눈물이 쏟아질 때가 있다. 그런저런 뻔한 스토리인 줄 알면서 안타깝거나 슬픈 장면이 연출되면 눈가가 촉촉이 젖어온다. 예전에 모 방송국 프로그램 중에 〈아빠 찾아 삼만 리〉라는 외국인 노동자 가족이 한국에서 일하는 가장을 찾아오는 과정을 그린 프로그램이 있었다. 그 방송을 보면서 예전 이 땅에 젊은이들의 모습이 비친다. 독일로, 중동 건설 근로자로 갔던 상황이 머릿속에 겹치면서 뭉클한 감정이 올라오곤 한다.

정녕 눈물을 보여야 할 자리에서는 무덤덤할 때가 많다. 지난해, 가까이 지내던 친구가 위암으로 이 세상과 이별을 했다. 어릴 때부터 같이 자라온 터라 누구보다 서로를 위해주고 어려운 일이 닥치면 힘이 되어 주는 친구였다. 그가 세상을 떠났다는 비보를 받았을 때는 가슴이 두근거리고 이 일을 어쩌나 하는 마음에 갈피를 잡지 못했다.

막상 그의 영정 앞에 서니 담담해졌다. 반세기가 넘게 죽마고우로 지낸 친구를 보내면서 눈물이 나지 않았다. 눈은 더 초롱초롱해지고 마음이 차분히 가라앉는 것이었다. 그의 아내가 내 손을 잡고 하소연하며 울먹이는데 나는 무감각이었다. 눈물이 나지 않아 훔치는 시늉이라도 해보려 하지만 쉽지 않았다. 친구와의 추억을 떠올리며 슬픈 생각을 해도 눈물은 도저히 나올 기미가 보이지 않았다. 머릿속에는 내가 이렇게 냉정한 사람은 아니었는데 하며 빨리 그 자리를 벗어나고 싶었다.

난 스스로 마음이 따뜻한 사람이라고 생각했다. 가끔은 상대를 배려하고 나보다는 남을 먼저 생각해 주기도 했다. 거리에서 불행한 사람을 보면 동정이 가고 무거운 짐을 들고 가는 노인을 만나면 같이 들어주기도 했다. 그런데 친구의 죽음 앞에서 냉철해지는 것은 무엇인지 나도 모르겠다.

남자도 갱년기가 있다. 남성 갱년기 증세는 여러 가지가 있겠지만 자신감이 없어지고 무기력해진다. 때로는 의욕 상실과 우울증이 올 수도 있다고 한다. 갱년기를 거친 동년배들과 얘기를 나누다 보면 공감하는 부분이 많다. 그들도 나와 같이 드라마를 보다 눈물을 닦고는 한단다. 가난하게 살았던 그 시절 일을 잔잔하게 그려 낼 때 눈시울이 붉어지는 것은 나뿐만 아니다. 주변에 있는 사람들의 슬픈 사연을 들으면 자기 일처럼 마음이 답답해지기도 한다. 심지어 애잔한 노래만 들어도 가사가 자신의 사연과 닮아 동병상련으로 눈가가 촉촉해지기도 한다.

잘못된 관습이 사회현상으로 굳어졌다. 지금에 와서는 이런 말은 믿는 사람도 없겠지만 남자는 태어나면 죽을 때까지 세 번 운다고 했다. 태어났을 때, 부모님이 돌아가셨을 때, 나라가 망했을 때 이외는 눈물을 보여서는 안 된다는 것이다. 이것은 어디까지나 유교적 발상에서 비롯되었다. 특히 장남에게 더 많이 강요되었다. 남자도 감정이 있어 불행한 일을 보고 슬퍼할 줄 알고 동정이 가는 것은 당연한 이치다. 지금도 일부는 윗대부터 내려오고 있는 관습에 익숙해 자신의 감정을 잘 드러내지 못하고 있다. 마음은 슬픈데 보이지 않는 눈물을 흘린다. 어쩌면 나도 그런 부류에 속해 있는지 모른다.

위암으로 세상을 떠난 친구, 그를 생각하면 여전히 마음이 편치 않다. 이제는 두 번 다시 볼 수 없다는 것에 실감이 나지 않는다. 그에게 전화하면 금방이라도 달려올 것만 같다. 생각할수록 아쉬움이 크다. 그가 떠나는 마지막 길목에서 나의 마음이 전달되는 한 방울의 눈물이라도 나오면 좋았으련만….

화향백리 花香百里, 인향만리 人香萬里

가을이 무르익는 냄새인가, 흩어지는 바람 속에 미묘한 향기가 묻어온다. 낮게 떠도는 새털구름 사이로 투명한 하늘은 높게 보인다. 길섶에서 자란 코스모스는 일렁이는 바람에 허리가 휘며 은은한 향기를 뿌린다. 여행하기 좋은 계절, 책 읽기 좋은 계절, 이 계절에 나는 무엇을 남겨야 하나.

봄 못지않게 가을에도 다양한 꽃이 피어 자태를 뽐낸다. 가을에 피는 꽃은 해를 따라 움직인다는 해바라기, 구월에 핀다고 해서 구절초 등 다양하지만 그중 으뜸은 코스모스와 국화다. 코스모스는 구월 중순이면 서서히 피기 시작해 시월 초에 절정을 이룬다. 가녀린 줄기에서 예닐곱 장의 꽃잎은 빨강, 분홍으로 어우러져 존재감을 드러낸다. 무리를 지어 하늘거리는 모습은 보는 사람의 마음을 사로잡아버린다. 국화는 코스모스와는 반대다. 서리가 내릴 때쯤에서야 꽃망울을 터뜨린다. 그 향기는 백 리를 가고도 남음 직하다.

향기는 꽃에서만 나는 것이 아니다. 사람에게도 뭇 향기가 난다. 구린내 같은 고약한 냄새가 아니고 여느 꽃과도 견줄 수 없는 아름다운 향기이다. 젊으면 젊은 대로 풋풋한 향기가 나고, 중년의 나이에는 그 나름의 무르익은 향기가 난다. 익은 벼가 고개를 숙이듯이 나이가 들수록 멋스러운 향기가 나는 사람이 있다. 그것은 자신만이 표현할 수 있는 독특한 향이다.

사람이라고 모두 향기가 있는 것은 물론 아니다. 주변을 둘러보면 다양한 사람이 있다. 처음 만났을 때는 부처나 예수와 같은 미소를 보였다가 만나면서 점점 이기적으로 바뀌는 사람이다. 사소한 일에도 상대방의 의견은 무시하고 자기주장만 내세우려는 사람이다. 어떤 논쟁에서 옳고 그름을 떠나 이해관계를 따지면 끝이 없다. 오로지 눈앞에 보이는 자신의 이익만을 추구하면 추악한 사람으로 비친다. 알면서도 모르는 척 넘어가는 것이 자신을 위해 좋은 것이다.

난 사람을 만날 때면 친근감 있게 다가서려 한다. 처음 보는 이는 더욱 그렇다. 그것이 상대방에 대한 예의라 생각하기 때문이다. 지금껏 살아오면서 많은 사람을 만났다. 그중에는 좋은 인연도 있었지만 그렇지 못한 경우도 있었다. 좋은 인연이란 비가 오나 눈이 오나 변함없는 사람이 아닐까 생각한다. 다정스럽게 다가 왔다가 이내 식어버리는 사람이 아닌, 더러는 섭섭한 일이 있어도 내가 먼저 양보하고 가까이 다가서는 사람이다.

은은한 향기를 풍기는 사람이 있다. 나는 그 향기를 자주 맡으려고 한다. 향기라면 꽃을 먼저 떠올린다. 꽃은 아름다움뿐 아니라 특유의 향기를 풍긴다. 그러나 목적은 따로 있다. 사람이 보기에는 아름답게 보이지만 자신의 종족 번식을 위해 벌과 나비를 부르는 것이다. 벌이나 나비는 수꽃 수술에 붙은 꽃가루를 달콤한 꿀로 유혹해 암꽃 수술로 옮겨가게 해서 자연스럽게 수정이 된다. 인간은 꽃보다 진한 향기를 품고 있다. 그것은 어느 꽃향기와도 비교할 수 없다. 내면에서 우러나오는 품성이 향기로 변하는 것이다. 인위적으로 자신의 몸에 향수를 뿌린다고 향기 나는 사람이 아니다. 남이 알아주기를 바라고 하는 행동은 가식에 불과하다. 보이지 않는 곳에서 배려와 베풂으로 시작되는 향기는 누군가에게는 사랑으로 나누어지고 자신에게는 행복으로 돌아온다.

화향 백 리 인향 만 리란 말이 있다. 향기로운 꽃향기는 백 리까지 퍼져 간다고 하지만 사람의 향기는 그리움이 되어 만 리를 가고도 남는다는 뜻이다. 깊어가는 이 가을, 나는 누구에게 마음속 깊은 곳에 향기가 되어 남을까.

낡은 구두

신발장 바깥까지 신이 널브러져 있다. 그중에 반 이상은 내 것이다. 흙 묻은 등산화며 관리되지 않은 구두, 운동화까지 주인의 손길을 기다린다. 특히 일 년 내내 바깥나들이 한 번 못 하고 쫓겨나기 직전의 신도 있다. 이렇듯 착용하지 않는 것을 버리지 못하는 것은 나름의 이유가 있다.

예전에 즐겨 신었던 구두에 먼지가 수북이 쌓여 있다. 유명상표로 아깝다는 생각이 들어 내친김에 구두를 들고 큰 도로변으로 나왔다. 구두 닦는 곳은 여러 군데 보이는데 수선하는 곳은 잘 보이지 않았다. 몇 곳을 찾아다니다 도로 모퉁이에 '구두 수선'이라는 작은 간판이 흐릿하게 보였다.

문을 살며시 열며 "이거 수선됩니까?" 어쭙잖게 물었다. 주인은 내 말이 끝나기가 무섭게 들고 있던 것을 빼앗듯 움켜잡았다. "아이고, 비싼 신을 왜 이렇게 만들었나." 하며 오히려 나를 무안하게 만들었다. 노인은 수선을 하다 말고 요즘 젊은이들은 귀한 걸 모른다며 혼잣말로 중얼거렸다. 벌어진 곳에는 접착제를 바르고 뒤축은 새로운 것으로 갈았다. 튀어나온 부분은 칼로 다듬고 기계로 다시 매끈하게 다듬기를 반복했다.

우리는 물질 만능시대에 살고 있다. 가전제품부터 의류까지 고장 나거나 유행이 지났다며 새것으로 구매하는 경우가 허다하다. 생필품이 부족하던 시절, 양말 한쪽도 낡고 해지면 두세 번은 덧붙이고 꿰매어 사용하곤 했다. 재활용품 모으는 곳을 지나다 보면 흠도 없는 물건들을 버린다고 내놓은 것을 종종 본다.

얼마나 지났을까, 붙이고, 갈고 하더니 "오천 원만 주세요." 하고는 구두를 내밀었다. 빨리 고칠뿐더러 수선비까지 생각보다 적게 달라고 하니 뜻밖이었다. 잘못 들은 것 같아 "얼마라고요?" 재차 물어도 같은 대답이었다. 알고 보니 주인은 구두 제작 기술자였다. 예전에 기성화 만드는 곳에서 오랫동안 일을 했단다. 요즘은 소일거리로 구두를 닦지만 수선 위주로 한다고 했다.

구두 수선 후 노인은 담배를 꺼내 입에 물었다. 길게 연기를 뿜어내며 살아온 지난 일을 독백하듯 회상했다. 그는 부모로부터 물려받은 것이라고는 가난밖에 없었다. 월사금을 제때 내지 못해 초등학교도 마치지 못하고 장롱 만드는 곳에 들어가야 했다. 숙식 제공과 기술을 배운다는 조건으로 월 급여는 없었다. 그러나 일 년 가까이 일해도 기술은커녕 청소하고 뒷정리하기에도 바빴다. 그러던 중 주위 사람들이 성실함을 인정해 구두 만드는 곳을 소개해 주었다.

그곳에서도 하는 일은 마찬가지였다. 구두 만드는 구경할 시간조차 없이 잡다한 일들로 힘든 생활의 연속이었다. 스무 살 남짓까지 같은 일을 반복하다 한 단계 승진해 이때부터 구두 만드는 초보적인 기술을 익히기 시작했으나 그 일도 간단치는 않았다. 고된 일을 하고 밤이 되면 팔과 손에 경련이 나기도 했단다. 그런 과정 속에 군 복무를 마치고 다시 구두 가게로 돌아왔다. 그때부터 본격적으로 구두 만드는 기술자의 길로 접어들었단다.

세월은 많이 변했다. 우리나라도 OEM(주문자 상표 제품의 제조) 상표가 시장을 잠식했다. 구두도 마찬가지였다. 구십 년대 후반 IMF 금융위기와 함께 소규모의 가게들은 문을 닫기 시작했다. 몇 군데 점포에 거래하고 있는 작업장도 점차 사양길로 접어들었다. 노인은 그때 직장을 잃음과 동시에 구두 제작에서 손을 놓았다.

오십 년 넘게 한 길을 걸었다. 그동안 부지런히 저축해 집도 마련하고 돈도 조금 모았다. 무엇보다 자신이 못 배운 것이 한이 되어 자식 네 명 모두 대학을 마치고 지금은 사회에서 필요한 일꾼이 되었단다. 퇴직 후 한동안은 일자리를 구하지 못했다. 몇 달 동안 건설현장에서 막노동 일을 하다 우연히 구두 수선을 목격하게 되었다. '아, 저것이 내가 제일 잘할 수 있는 일인데.' 하는 생각이 번쩍 들었다. 다음 날 망설임 없이 도로변에 자리를 펴고 수선 일을 시작했다. 평생 익힌 기술을 다시 시작한 것이 벌써 십여 년이 넘었다고 했다. 이제는 그만두려 해도 단골손님이 많아 쉽게 손놓지 못하는 처지란다. 잠시라도 자리를 비우면 휴대전화가 요란스럽게 울린다며 너스레를 떨었다.

요즘은 육십이 넘어도 일할 수 있는 능력을 갖춘 사람이 많다. 수십 년 동안 갈고 닦은 기술을 정년퇴임이라는 올가미로 묶어버린 것이다. 오랜 경험과 재능을 묻어버리기에는 아깝다는 생각이 든다.

얼마 전에도 수선집을 찾았다. 네댓 번 그 집을 드나들며 신었던 구두였다. 주인은 단박에 알아보고는 나를 반겼다. "버릴까 망설이다 왔습니다." 했더니 주인은 미소로 화답했다. 해진 부분은 가죽으로 다시 덧붙여 감쪽같이 재생시켰다. 요즘 사람들은 새것만 좋아하고 고쳐서 신을 생각을 안 한다며 나를 힐끗 보며 칭찬하듯 말을 돌렸다.

자칫 쫓겨날 뻔했던 구두가 수선집을 다녀와 새것으로 거듭났다. 어디에 신고 가도 수선한 구두라고는 전혀 알지 못할 정도로 감쪽같았다. 그 노인을 만나지 않았다면 쓰레기통으로 들어갈 뻔한 구두였다. 이제는 신이 낡았다고 함부로 버리지 않고 수선집 노인에게 먼저 달려간다.

달빛 사냥

　그는 단박에 달을 향해 날아올랐다. 눈 깜짝할 사이에 일어난 일이다. 찰나와 같은 짧은 순간이었지만 달님과 무슨 이야기를 주고받았는지 이내 자신의 자리로 돌아왔다. 두 손을 합장한 채로 잠시 서 있더니 아무 일 없었다는 듯이 나를 향해 뚜벅뚜벅 걸어왔다.

　계수나무와 토끼 한 마리. 우리가 익히 알고 있는 '반달' 노랫말처럼 달을 자세히 쳐다보면 그 속에는 토끼가 큰 절구 방아를 찧고 있는 형상과 같아 보인다. 요즘이야 전기 시설이 좋아 어둠이 내리기 시작하면 거리마다 가로등 불빛이 대낮같이 환하다. 전깃불이 없던 시절에는 달이 태양 못지않게 밤을 밝히기에 한몫했다. 훤하게 비추는 밝은 달빛을 이용해 밤늦게까지 가을걷이를 했고 낮에 못다 한 일까지 마무리했다. 어린 우리들은 친구들과 어울려 달빛 속에 비친 그림자밟기, 술래잡기 등 밤이 이슥해질 때까지 집으로 돌아갈 줄 몰랐다.

유년 시절 아름답던 기억이 새롭게 다가온다. 일 년 중에 달이 가장 밝다는 정월 대보름, 그날은 해가 서쪽으로 뉘엿뉘엿 넘어가면 사람들은 마을 어귀에 모여들었다. 해가 떨어짐과 동시에 다가오는 한 해의 액운을 태우고 풍년을 기원하는 달집태우기를 가기 위해서이다. 어른들 틈바구니에 아이들도 무작정 산으로 올랐다.

산불 조심하라는 방송이 소음공해와 진배없다. 귀청이 쩌렁쩌렁 울리도록 스피커를 통해 번져 나가는 소리. 겨울철로 접어드니 산불 조심하라는 방송이 도로에서도, 헬기에서도 울려 퍼진다. 이제는 나무를 연료로 사용하는 가정은 거의 없다. 삼사십 년 전에는 나무를 땔감으로 이용해 추운 겨울을 넘겼다. 그때는 산불 감시보다는 나무를 베지 못하게 하는 산림감시원이 더 무서웠다. 산업의 발달로 도시에는 가스가 보급되고 농촌에는 기름보일러를 설치해 땔 나무는 차츰 설 자리를 잃게 되었다.

지금 생각하면 아찔한 행동이었다. 달빛 사냥이라도 하려는 것이었을까. 정월 대보름이면 이 산, 저 산 할 것 없이 산꼭대기마다 뿌연 연기와 함께 불길이 활화산처럼 타올랐다. 어느 산의 불꽃이 더 높이 올라가는지 시합이라도 벌이는 것 같았다. 그러다 바람이 불어 불똥이 다른 곳으로 날아가는 날에는 산 전체를 태우는 것은 일순간이었다. 청솔가지에 붙은 불길이 조금씩 사그라질 무렵 일행 중 누군가 한 곳을 향해 물끄러미 서 있었다.

그는 달을 보면서 두 손을 모으고 있었다. 무슨 염원이 그리도 깊은지 한참 동안 주문을 외우듯 연신 고개를 숙이며 정성을 다했다. 불길이 점점 식어갈 무렵에는 산에 올랐던 모두가 머리 위로 휘영청 올라온 달을 보며 한 해의 소원을 기원했다. 그때 빌었던 소원은 과연 이루어졌을까. 매년 우리는 그렇게 소원을 빌며 한 살씩 보태어지면서 자라났다.

세상에서 제일 행복한 사람은 누구일까. 여러 부류가 있겠지만 나를 위해 기도해주는 사람이 있다면 더할 나위 없다. 아마도 군 입대를 앞둔 해였던 것 같다. 나는 현역, 친구는 지역을 지키는 방위병으로 갈 예정이었다. 그해 정월 보름날, 역시 구름 한 점 없는 하늘에 둥근달은 휘영청 밝았다. 친구의 영혼은 달빛을 타고 하늘로 올랐다. 둥근달 속에 계수나무와 토끼에게 자신의 애틋한 소원을 말하고 다시 그 자리에 돌아와 있었다.

친구가 간절히 기도한 내용은 무엇이었을까. 그날은 달을 향해 절을 수십 번도 더 하고 각자 집으로 돌아갔다. 군 제대 후에 안 일이지만 친구의 소원을 듣고 웃지 않을 수 없었다. 그는 내가 군 생활을 무사히 마칠 수 있도록 기도했단다. 그의 간절한 기도 덕분인지 나는 삼여 년 동안 아주 편안하게 군 생활을 무사히 마칠 수 있었다.

융숭하던 달집태우기도 불현듯 자취를 감추었다. 해마다 정월이면 반복되는 산불로 정부 차원에서 금지했다. 그와 함께 사람들의 의식이 바뀌고 새로운 문화가 정착하니 산꼭대기에 올라 했던 달불놀이는 추억 속으로 멀어져 갔다. 달을 보며 소원을 빌던 친구의 모습도 다시는 볼 수 없다.

순수했던 지난 시절, 지금도 마음은 수십 년 전 그대로라고 생각하지만 때로는 물질이 시야를 흐리게 하고 있다. 등잔 밑이 어둡다더니 나를 두고 하는 말이다. 나를 위해 기도해준 친구와는 여전히 같은 지역에 살고 있다. 가까이 살아도 하루하루 먹고사는 것에 바쁘다 보니 그 옛날 다정했던 친구는 생각뿐이다. 언젠가부터 그와의 왕래는 뜸해지고 근래 들어서는 얼굴 보기조차 어렵다. 어쩌다 오가다 만나면 서로 갈 길이 바빠 눈인사로 대신하고 만다.

지나간 시절을 생각하면 애잔한 느낌으로 다가온다. 그 시절로 다시 돌아가고 싶은 것은 나만의 생각일까. 이제 정월 보름달이 뜨면 내가 달빛을 타고 하늘로 올라가 그를 위해 기도하려 한다. 오래도록 함께 건강하자고.

동구 밖 아카시아

봄바람을 타고 왔나 보다. 하얀 꽃송이가 나뭇가지에 주렁주렁 매달렸다. 오월이 시작되면서 아카시아꽃이 제일 먼저 얼굴을 내밀었다. 아침햇살을 타고 달짝지근한 향기가 창문을 넘어 방 안까지 들어왔다.

오월에는 꽃들이 향연을 펼친다. 사랑을 고백하듯 금낭화가 수줍게 미소를 보낸다. 꽃 모양이 부처의 머리 모양을 닮았다 하여 불두화라 불리는 수국과 정열의 꽃 붉은 장미까지 지천에 널린 것이 꽃이다. 그중에서 아카시아 꽃송이는 마치 겨울철 눈이 내린 것처럼 하얗게 산을 뒤덮는다.

동구 밖 아카시아 꽃, 우리 귀에 익은 노래다. 아동 문학가 박화목 시인이 쓴 시에 김공선 선생이 곡을 붙였다. 아카시아 꽃이 피는 시기에 고향 옛 동산을 그리워하며 듣는 노래다. 시골에서 자라다 보니 계절이 바뀔 때마다 추억 한두 가지는 있다. 아카시아 꽃도 마찬가지다. 배고팠던 시절, 허기진 배를 채우기 위해 꽃을 따 먹고 자랐던 기억이 새록새록 되살아난다.

내 마음 깊숙이 잠들어 있는 아카시아 추억여행을 떠나본다. 봄에서 여름으로 넘어가는 이맘때면 고향 마을 산등성이에 아카시아 꽃이 하얗게 번져간다. 여남은 살 남짓 되던 무렵 어느 해 오월이었다. 우리는 아무런 준비 없이 토끼 먹이로 아카시아 잎을 따러 산에 올랐다. 집집마다 토끼장이 있었고 우리 속에 서너 마리는 들어 있었다. 토끼 키우기는 전적으로 아이들 몫이었다. 토끼는 씀바귀나 민들레 잎을 좋아하지만 아카시아 잎도 잘 먹었다. 집에서 빤히 보이는 산 중턱을 지금같이 아카시아 잎이 연둣빛일 때는 매일같이 오르내렸다.

그곳의 지명이 오르막골이었다. 경사가 가풀막져 어른들이 그렇게 불렀던 것 같다. 오르막골에 올라서면 나지막한 나무에 보드라운 아카시아 잎이 토끼가 먹기에 알맞게 자라 있었다. 어제와 다름없이 그날도 학교를 마치고 또래 대여섯이 아카시아 잎을 따서 소쿠리에 차곡차곡 담았다. 시간 가는 줄 모르고 정신없이 따다 보니 해는 벌써 서쪽으로 기웃기웃 넘어가고 있었다. 그때야 곧 어두워질 것을 예감하고 서둘러 내려갈 준비를 했지만 이내 땅거미가 내려앉았다.

어둠 속에 산길은 녹록지 않았다. 옛날부터 오르막골이라 불린 이유가 있었다. 짧은 거리이었지만 내려갈 때는 올라올 때보다 더 가풀막졌다. 그날따라 달도 뜨지 않았다. 어린 나이에 무서움까지 엄습해 왔다. 서로 중간에 서려고 밀고 당기기를 몇 차례나 거듭했다. 앞장서서 걷기가 두려웠지만 맨 끝에서 따라오면 뒤에서 누가 당기는 것 같아 더 무서웠다. 집에 도착할 즘에는 토끼 먹이로 따 모았던 아카시아 잎은 흔적 없고 빈 소쿠리만 손에 들려 있었다.

아카시아는 1900년대 초 일본에서 건너왔다. 아름다운 우정, 숨겨진 사랑이라는 꽃말을 가진 나무이다. 토양 적응이 좋아 척박한 땅에도 잘 자랐기에 연료로 사용하기 위해 많이 심었다. 번식력이 좋을 뿐 아니라 빨리 자라 6~70년 때까지 사방사업으로 아카시아나무를 많이 심었다. 그때 심은 나무의 씨앗이 바람을 타고 날아가 다른 곳에서 자리를 잡았다.

한때는 아카시아로 골머리를 앓았다. 한 해가 다르게 번져나가 다른 나무는 발 디딜 틈조차 없게 되었다. 특히 조상의 묘를 중요시하는 우리 풍습에 맞지 않았다. 묘지 주변을 비롯해 봉분 위에까지 뿌리를 내렸다. 산소 갈 때는 아카시아나무를 죽이는 농약을 구입해서 갔다. 그러다 한동안 잊고 지냈는데 아카시아가 있었던 그 자리에 상수리나무가 터를 잡았다.

아카시아 꽃은 꿀을 많이 함유하고 있다. 양봉업자들은 오월이면 대목인 셈이다. 이 시기에 꿀을 가장 많이 채취한단다. 그들은 남부지방을 시작으로 북쪽 갈 수 있는 곳까지 아카시아 꽃을 따라 이동한다. 아카시아는 양봉하는 사람에게 없어서는 안 될 나무다.

유년 시절의 기억을 떠올릴 때면 가슴이 벅차오른다. 다시 그 시절로 돌아가고 싶건만 되돌릴 수 없는 것이 시간이다. 먹을 것이 부족해 아카시아 꽃잎 한 줌을 따 허기를 달랬던 시절, 그 당시와는 비교가 되지 않을 정도로 풍요롭지만 그래도 그때가 좋았다는 생각이 드는 이유가 무엇일까. 지금은 다시 풍요 속의 빈곤이다. 물질적으로는 좋아졌지만 마음이 허허로운 것은 달랠 길이 없다. 허기진 배를 채우러 들로 산으로 다니며 먹거리를 구했던 친구들은 지금 어디서 무엇을 하고 있는지.

오월의 세상은 연둣빛에서 초록으로 변해간다. 추억 속에 오르막골은 여전히 가파른 오솔길 그대로 남아 있는지 궁금하다. 키가 작아 매달려 아카시아 잎을 따던 나무는 지금쯤 고목이 되어 쓰러졌을지도 모르겠다. 마음은 여남은 살로 정지되어 있는데 머리에는 하얀 아카시아 꽃이 듬성듬성 내려앉아 사그라질 기미가 보이지 않는다.

물찬제비

지지배배, 지지배배, 까르르.

아주 오랜만에 들어보는 제비 소리다. 듣고 또 들어도 질리지 않는다. 아침마다 활기 넘치는 소리를 들으면 어린 시절 추억을 고스란히 되살아난다. 그때도 지금처럼 불볕더위에 아랑곳없이 새끼를 위해 부지런히 먹이를 물어다 날랐다. 우리 민족에게 사랑받는 따뜻한 남쪽 나라에서 날아온 제비다.

제비가 처마 밑에 둥지를 틀었다. 매년 삼월이면 제비가 날아와 진흙을 물어 벽에 붙이다가 그만두기를 반복했다. 어느 해는 반쯤 집을 짓더니 더는 진전을 보이지 않았다. 올봄에도 처마 밑에 제비가 날아들긴 했는데 그리 신경 쓰지 않았다. 그 후로 며칠을 아침저녁으로 시끄럽게 지저귀더니 하루는 진흙을 물고 와 집을 짓기 시작했다.

볼수록 신기했다. 아침에 일어나면 집을 얼마나 많이 지었는지를 확인하는 것이 하루의 시작이 되었다. 나날이 진흙과 검불로 층을 쌓아 올라갔다. 제비는 나에게 자랑이라도 하듯 전깃줄에 올라앉아 목청껏 지지배배 소리를 질렀다. 제비집 짓는 과정을 보면 한 번에 완성시키지는 않았다. 먼저 쌓은 진흙이 웬만큼 굳어질 때까지 기다린 후에야 다시 층을 올렸다. 그렇게 반복하기를 이십여 일 지나니 진흙은 물어 오지 않고 집 전체가 마르기를 기다렸다.

어릴 때는 제비와 자주 놀았다. 형과 누나가는 학교에 가면 나 혼자 집에 덩그러니 남았다. 나와 놀아줄 사람이 없어 뜰에 앉아 제비집을 올려다보았다. 어미가 먹이를 물고 올 때면 새끼는 소리 내어 서로 달라고 목을 내밀었다. 어미 제비가 먹이 사냥을 나간 사이에 내가 푸드덕하며 흉내를 내자 새끼는 어미가 온 줄 알고 똑같은 반응을 했다. 그것이 재미가 있어 심심할 때는 제비집을 보며 어미 흉내를 내곤 했다.

올망졸망한 세 마리가 민머리를 내밀었다. 기다리던 새끼가 알에서 부화한 것이다. 새끼를 보면서 어릴 때 느끼지 못했던 새로운 것을 발견했다. 암컷이 새끼를 품고 있는 동안 수컷은 그 주위를 맴돌았다. 현관문을 열고 밖으로 나가려면 어디에 있었던지 쏜

살같이 날아와 사람에게 달려들었다. 심지어 사람 얼굴을 향해 강하게 날갯짓하며 경계했다. 그러다가도 제비집에서 멀어지면 다시 다른 곳으로 날아갔다. 아마도 새끼를 해롭게 할까 그런 모양이었다. 하루가 다르게 새끼 제비는 몸집이 커 갔다. 어제께 솜털이었던 것이 벌써 날갯짓하며 비행 준비를 하고 있었다. 날기 전, 며칠 동안 제비 배설물이 계단에 가득하더니 영양 보충을 많이 한 모양이었다.

드디어 비행 시작, 둥지에서 버둥거리는가 싶더니 가까운 전깃줄에 올라앉았다. 그 사이에 어미는 어디서 물어 왔는지 새끼 입 안에 먹이를 밀어 넣었다. 영양 보충이 되었던지 다시 힘을 모아 퍼드덕 날갯짓하며 제집으로 들어갔다. 그러기를 서너 번, 이번에는 세 마리가 차례로 날개를 펴고 하늘을 향해 날아올랐다. 그 후로는 낮에는 어디로 비행하며 먹이를 찾는지 저녁이 되어서야 둥지로 왔다. 다음 날 아침이면 다시 날아가기를 반복했다.

물 찬 제비, 제비는 다른 새와 달리 사람의 사랑을 받는다. 텃새나 비둘기는 농부가 애써 가꾸어 놓은 곡식을 먹이로 한다. 제비는 곡식이 아닌 곤충을 잡아먹고 살아간다. 시냇가에서도 다른 새와 구별이 된다. 물가 작은 돌 위에 올라앉아 더위를 식히는 새와는 달리 속력을 내어 물 위를 질주하면서 날개로 몸에 물을 뿌린다. 이런 모습을 보고 사람들이 물 찬 제비라 불렀다.

나이와 시간은 비례한다더니 왜 이렇게 빨리 가는지, 각박한 세상을 살다 보니 언제 계절이 바뀌었는지도 모를 지경이다. 제비 재잘거리는 소리 몇 번 들었는데 벌써 자유롭게 비행하고 있었다. 제비가 날아들고 보금자리를 틀기까지는 우여곡절이 많았다. 산업 발전과 함께 환경에도 관심을 두어야 했는데 그러지를 못했다. 다른 철새도 마찬가지겠지만 제비는 공해에 찌들지 않은 먹이가 있어야 했다. 농약 사용을 줄이니 메뚜기가 다시 돌아오고 잠자리도 떼를 지어 날아다닌다. 먹이 사슬이 풍부해야 제비는 알을 낳고 새끼를 기르는 데 큰 지장이 없다.

두어 달은 제비로 인해 행복했다. 세 개 알을 낳아 손실 없이 잘 키워 넓은 세상을 향해 날아갔다. 내년에도 자신의 체취가 묻어 있는 집을 잊지 않고 찾아 주었으면 하는 바람이다. 아침마다 다섯 마리 제비의 합창 소리에 올해는 좋은 일이 있으려나 은근히 기대해 본다.

경덕왕과 화원 동산

대구 달성군 화원읍은 신라 시대 이전부터 꽃동산으로 유명했다고 한다. 화원읍은 화원 동산을 비롯해 사문진 나루터, 귀신통의 피아노 이야기, 남평 문씨 세거지, 추적 선생의 후손이 세운 인흥서원과 이상화 선생의 묘소가 있다. 특산물로는 이른 봄에 나는 명곡리와 본리리의 미나리, 구라리 수박이 유명하다.

그 옛날 강의 길목에는 나루가 있었다. 사문진도 달성군 화원읍과 고령군 다산면 사이에 낙동강을 건너는 나루터였다. 사문沙門이란 지명은 두 가지 설을 가지고 있다. 그중 하나는 강가의 모래가 있어서 모래 사沙 자와 포구를 통해서 배로 소금 등 물류를 싣고 이 지역에서 다른 지방으로 이동하는 물을 문門이라 해서 유래되었다. 다른 하나는 인도의 범어 사루마나sarumana를 한문으로 표현한 것으로 '집 떠나 수도하는 승려'를 뜻하므로 불교와 관련된 이름에서 사문이란 지명이 유래되었다는 설이 있다. 바다가 먼 대구에서는 이곳 사문진이 바다를 대신하는 물놀이 장소로 한때는 수천여 명이 운집할 정도로 융성했었다고 한다.

사문진 나루터는 부산에서 낙동강을 거슬러 대구로 올라오는 유일한 뱃길이었다. 부산포에서 물품을 가득 실은 배가 낙동강을 따라 늦어도 여드레 안에는 사문진에 도착했다고 한다. 대구에 최초로 들어온 피아노도 이곳을 통하여 왔다. 1900년 3월 미국 선교사 사이드 보텀에 의해 그 당시 '귀신통'이라 불린 피아노가 유입된 역사적 의미를 지니고 있다. 당시 짐꾼 스무 명이 상여 메고 가듯이 종로, 지금의 약전골목까지 사흘간에 걸쳐 옮겼다. 귀신통이라 불렀던 피아노는 지금 동산병원 선교사 박물관에 보관되어 있다.

그 시절, 사람들은 처음 듣는 피아노 소리에 놀랐다. 건반을 누를 때마다 나는 소리에 '그 속에 귀신이 들었다'고 혼비백산해서 멀리 달아났다고 한다. 귀신통에서 나오는 피아노 소리는 아이들을 교회로 모이게 했고 그렇게 서양음악에 눈을 뜨게 되었다. 일 년 후 다시 피아노 한 대가 부산에서 낙동강을 타고 들여오게 된다. 1901년 5월 동산병원 설립자 존슨의 아내가 피아노를 들여와 인부 30명이 소달구지로 옮겼다고 하는데 신명학교에 기증했다.

또한, 1932년 일제 강점기 한국 영화계를 대표하는 이규환 감독의 〈임자 없는 나룻배〉 촬영지로 추정되는 곳이기도 하다. 이렇게 번창했던 사문진이 1993년 7월 1일 사문진교가 화원에서 다산으로 개통되면서 나룻배는 역사 속으로 사라졌다. 시간이 흐름에 따라 교통량이 늘어나 다시 교량을 세워 2009년 2차선에서 4차선으로 다시 넓혔다.

화원은 천 년 전부터 아름답기로 이름난 곳이었다. 신라 35대 경덕왕은 가야산 해인사에 요양 겸 와 있는 세자를 만나러 가던 길에 화원 동산에 들러 쉬어 갔다. 그 후부터 경치가 아름다워 상화대라는 행궁을 짓고 아홉 번이나 다녀갔다고 한다. 부근 동네는 구래九來, 또는 구라九羅라는 지명을 지금도 사용하고 있다. 경덕왕이 이곳을 자주 찾은 또 다른 이유가 있었다. 신라 천 년 기운이 기울어간다는 풍수지리설에 의해 신라 왕궁을 경주에서 조암들(지금의 대구 지하철 일호선 차량기지 부근)로 옮기려 했다는 얘기도 전해지고 있다.

화원 동산이 유원지로 개발된 것은 일제 강점기부터였다. 찾는 이가 많아 일제 말에는 대구시립공원으로 지칭하기도 했다. 해방 후부터는 정부의 관리 부재 상태로 있다가 1979년 주식회사 금복주에서 매입해 관리하였다. 다시 1993년 (주)금복주가 대구시에 기부하여 2014년까지 관리하였다. 2018년 대구시가 화원 동산의 관리권을 달성군으로 넘겼다. 달성군은 나루터 복원과 함께 사문진 주막촌, 낙동강 유람선 띄우기 등 화원 동산을 지속적으로 개발하고 있다.

이곳은 모감주나무 군락지로도 유명하다. 대구광역시 천연보호림으로 지정되어 강 절벽을 따라 줄지어 자라고 있다. 산을 중턱쯤에 오르다 보면 화원정이란 정자가 나온다. 이 건물은 안동댐 공사 중 도산서원 인근에 있는 것을 정상 부근에 있는 송사정과 함께 이곳으로 옮겨왔다. 화원정을 지나 오르막길을 올라갈 즘에 행궁을 지었던 상화토대가 나온다. 자세히 보면 흙과 돌로 쌓은 토성의 흔적이 남아 있는 것을 발견할 수 있다.

정상에서 바라보는 달성습지는 남미 어느 지역의 지도 같다. 금호강과 낙동강 물이 만나는 지점에 수천 년 동안 퇴적물이 쌓여 습지를 이루고 있다. 달성습지는 다양한 동식물이 살고 있는데 계절 따라 찾아오는 새들의 보금자리다. 여름에는 독성을 가진 여러 곤충과 뱀의 서식지라 들어가지 못한다. 겨울철 눈 온 뒤의 습지 풍경이 아주 멋지다고 한다. 이번 겨울에 습지 탐방을 해보는 것도 좋을 듯하다.

정상에 있는 팔각정은 고려 시대부터 봉수대烽燧臺가 있던 자리였다. 봉수烽燧는 왜구의 침입 때 연락을 취하는 장소이다. 봉수는 연기와 불로 급한 일을 전달하던 통신 수단이다. 높은 산에 있는 봉수대에서 낮에는 연기로, 밤에는 불로 위급한 소식을 중앙으로 전했다. 평시에는 횃불을 한 개, 적이 나타나면 두 개, 적이 국경에 접근하면 세 개, 국경을 넘어오면 네 개, 접전을 하면 다섯 개를 올리게 된다. 구름이 끼거나 바람이 불어서 연락을 할 수 없을 때는 봉졸이 말을 타고 다음 봉수대까지 연락했다고 한다. 지금은 그 자리 지역민들이 신년 해맞이 행사를 하고 있다.

낙동강 절벽 반대편에는 커다란 무덤 네댓 기가 자리하고 있다. 이것은 오세기 전후 지역 토착세력의 무덤으로 알려지고 있다. 부근에 크고 작은 고분이 일백 기 이상 있었으나 지금은 개발이란 명분 아래 모두 사라졌다. 고분은 석실에 판석 여러 장을 뚜껑으로 덮은 수혈식석곽분이다. 고분군이 자리 잡고 있는 일대에서는 청동기시대 이전의 무늬 없는 토기와 돌로 만든 연모가 발견되고, 이로 보아 이 지역은 선사시대 이래 일찍부터 유력한 부족이 삶의 터전을 마련하고 있었을 것으로 추정한다.

사계절 아름다운 화원 동산, 그 속에 숨어있는 유래를 알고 나들이를 하시면 더욱 보람이 있을 것이다. 그중에서도 전망대에 올라 저무는 해를 보는 것이다. 사문진교 너머 낙동강 물속으로 빨려 들어가는 붉은 태양은 보는 이로 하여금 저절로 감탄사를 나오게 한다. 이 계절이 가기 전에 한번 들러보는 것도 좋을 것 같다.

고색창연

연둣빛 계절이다. 세상은 초록으로 물들어 간다. 이끼가 잔뜩 낀 기왓장 사이로 푸름이 스멀스멀 내려앉는다. 추녀마루 끝에 걸린 태양은 옴짝달싹 못 하고 그 자리에서 맴돈다. 서원 앞으로 흐르는 낙동강 물은 봄을 실어 나르기에 분주하다. 무릉도원이 있다면 아마도 여기가 아닐까.

도동서원道東書院에도 어김없이 봄이 찾아들었다. 사백 살을 훌쩍 넘긴 은행나무는 세월의 무게를 감당치 못해 거꾸로 솟아올랐다. 굽어진 아름드리 고목나무에 은행잎이 새파랗게 돋아났다. 서원 안으로 들어가는 수월루水月樓 문턱을 넘자 넓적넓적한 자주색 꽃이 덜퍽지게 피었다. 고요하다 못해 적막함이 흐르는 서원 안에 한 쌍의 새가 날아들었다. 환주문喚主門 절병통節瓶桶 위에 올라앉은 멧새의 사랑 나누는 소리가 정겹게 들린다. 일렁이는 실바람을 타고 상큼한 풀 냄새와 여인의 분 내음이 뒤섞인 은은한 향이 흐물흐물 흩어져 나의 코끝을 자극한다. 모란의 아름다움을 보려면 이곳으로 오라 했던가. 서원에는 목단꽃이 절정을 이루고 있다.

도동서원에 목단꽃이 탐스럽게 피었다. 수년 전부터 꽃이 피는 날에 맞춰 나들이를 왔었다. 올해도 시기를 놓치지 않고 잘 맞춰 온 것 같다. 선비들이 학문을 갈고닦던 중정당中正堂과 한훤당 김 굉필 선생의 위패가 모셔진 사당 사이에는 연초록 잎사귀 사이로 큼직큼직한 빨간색 꽃이 물감을 부어 놓은 것같이 화사하게 치장했다. 진노랑의 꽃술과 붉은색의 꽃잎이 함께 어우러져 꽃을 보는 사람의 마음을 푸근하게 해주었다.

붉은색 모란꽃을 보면 아버지가 생각난다. 그 나무를 어디서 구해 왔는지 마당 가장자리에 목단 서너 그루를 심었다. 이맘때면 붉다 못해 검은색의 꽃이 마당을 가득 메우고는 했다. 목단 말고도 작약이며 초여름에 피는 창포까지 다양하게 심어 꽃밭을 이루었다. 배고픈 시절이었건만 남새밭을 만들어 상추나 열무같이 먹거리 채소를 심지 않고 자식들 정서를 생각하셨는지 계절 따라 피는 꽃나무를 심었다.

도동서원은 대구광역시 달성군 현풍읍 대니산 기슭에 자리하고 있다. 조선 시대 유학자인 한훤당 김굉필 선생의 도학과 덕행을 기리기 위해 세운 서원이다. 도동道東이란 '공자의 도道가 동쪽에서 왔다.'는 의미에서 붙여진 이름으로 2019년 세계문화유산 목록에 등재된 사액서원이다. 사액서원이란 조선 시대 왕이 친필로 쓴 현판과 일정의 재물, 서적, 노비를 포함해 서원에 필요한 모든 물품을 국가에서 지원해 주었다. 그런 의미에서 도동서원은 대원군의 서원철폐령에도 불구하고 훼손되지 않고 고스란히 보존되었다.

모란꽃 그림에 벌과 나비는 왜 없을까. 언젠가 지인의 그림 전시회에 갔었다. 첫눈에 들어오는 것이 목단꽃 그림이었다. 하얀 종이에 붉은 꽃잎과 노란 꽃술이 화려하게 채워져 있었다. 그 후로도 몇 번이고 미술 전시회에 갔었는데 그때마다 모란꽃은 빠지지 않고 걸려있었다. 그런데 하나같이 벌과 나비는 채워지지 않았다. 그 이유를 전시회를 연 화가에게 여쭤보지는 못했지만 당연한 것으로 여기고 넘겼다.

누구를 탓하랴. 전해 오는 이야기로는 중국 당 태종이 신라 선덕여왕에게 빨강, 자주, 흰색의 모란꽃 그림과 씨앗 한 되를 보냈단다. 이것을 본 여왕은 신하들에게 이 씨앗을 심어 꽃이 피면 향기가 없을 것이라 했다. 궁에 모란을 심어 꽃을 피웠더니 과연 예언과 같았다고 했다. 후일 신하들은 여왕에게 어떻게 향기가 없는 줄 알았느냐며 물었다. 여왕은 모란꽃 그림에 벌과 나비가 그려져 있지 않았기에 당연히 향이 없는 것이라 말했다. 이것이 모란꽃에는 향기가 없다는 오해의 시발점이 된 것이다.

머릿속에 한 번 입력된 것은 쉽사리 바뀌지 않는다. 어릴 때부터 목단꽃에는 향이 없는 것으로 알고 있었다. 그건 잘못된 교육이었다. 도동서원에 핀 목단꽃에는 분명 향이 있었고 꽃향기를 따라 벌이 날아들었다. 그럼에도 불구하고 서원으로 번지는 향기를 목단꽃이 아닌 다른 이상야릇한 냄새로 착각하고 있었던 것이었다.

하루가 다르게 싱그러운 세상으로 변해간다. 그윽한 목단 향으로 가득한 도동서원도 또 다른 탐방객을 맞으러 잠시 문을 닫는다. 세월은 그렇게 가고 또 오는 것, 다시 내년 이맘때를 기약하며 서원 문을 빠져나왔다.

182

새로운 일탈을 꿈꾸며

　자명종 소리에 눈을 떴다. 벌써 일곱시가 넘었다. 비슬산 가기로 약속한 시각은 가까워오는데 이불 속에서 뭉그적거리고 있다. 급기야 아침은 먹는 둥, 마는 둥 하고 헐레벌떡 뛰어나갔다.

　오랜만에 가는 눈꽃 산행이라 마음이 설렌다. 얼굴에 와닿는 바깥 기온은 매섭다. 국도변에 있는 시설원예 비닐하우스 안에서는 아침이 분주하다. 계절을 잊은 토마토는 벌써 빨갛게 물들어간다. 햇살이 반사된 은색 비닐 물결은 눈이 시리도록 부셔온다. 가까이 다가갈수록 하얀색으로 덮인 비슬산 천왕봉은 히말라야 여느 산봉우리와 같이 설산이 되었다. 계절이 바뀔 때마다 여러 차례 오르내리기는 했어도 느끼는 감흥은 그때마다 새롭게 다가온다. 자연 휴양림을 지나 오솔길로 접어들자 내린 눈이 얼어 눈썰

매장을 방불케 한다.

대구 달성군에 있는 비슬산, 비파 비琵 자에 거문고 슬瑟 자를 쓴다. 정상에는 거문고를 켜고 있는 형상을 한 바위가 있다. 예로부터 스님들 사이에서는 "북 봉정, 남 대견"이란 말을 자주 했다고 한다. 사찰에서 기도하면 효험이 가장 잘 나타나는 곳이 북쪽은 설악산에 있는 봉정암이라면 남쪽은 비슬산의 대견사라고 한다.

비슬산 정상 부근에 자리 잡은 대견사는 사연이 많은 사찰이다. 천이백 년 전 신라 헌덕왕 때 보당암이란 이름으로 창건되었다. 고려 시대 일연 스님은 스무두 살에 과거시험 승과僧科에서 선불장選佛場으로 합격해 초임 주지로 이곳에 왔다. 그 후로 약 삼십오 년 동안 비슬산 일대에 기거하면서 우리 민족의 역사책 삼국유사 자료를 수집하고 역대연표까지 정리했다고 한다. 이렇듯 유서 깊은 사찰을 일제가 강제 폐사시켰다.

이유는 간단했다. 일제가 가장 두려워했던 곳이 대견사이었다고 한다. 풍수지리설에 의하면 일본 땅을 비슬산의 정기로 우리나라로 조금씩 끌어당겨 오는 중요한 혈 자리로 여겼다고 한다. 이런 이유로 강점기에 일본이 의도적으로 절을 무너뜨렸다. 그 후로 해방될 때까지 복원을 못 하게 막았다고 한다.

비슬산은 대구 근교에 있어 등산하기에도 좋은 곳이다. 정상에는 삼십여만 평의 참꽃 군락지가 있다. 진달래꽃은 삼월 중순에 피어 사월 초면 시들어 버리는 데 비해 이곳은 사월 중순에 꽃이 피기 시작해 사월 말이면 절정을 이룬다. 여름에는 짙은 녹음과 더불어 가을에는 억새를 빼놓을 수 없다. 스치는 가을바람 리듬에 맞춰 너풀거리는 모습은 얼핏 사람이 무리를 지어 춤을 추는 것같이 보인다.

대견사는 이천십사년 삼월 새로운 모습으로 완공하여 중창 법회를 열었다. 일백여 년 전, 일제에 의해 무너진 곳에는 우물터와 삼층 석탑만이 덩그러니 남아있었다. 오랫동안 방치되었던 것을 이천 년대 들어 서서히 중창 복원을 시작했다. 민족의 정체성을 되찾고 비슬산 정기를 회복하기 위해 뜻있는 사람들이 의기투합하여 주춧돌을 놓았다. 중창과 동시에 스리랑카에서 가져온 부처님의 진신사리도 함께 봉안되었다. 비슬산을 찾는 등산객은 불교 신봉자가 아니더라도 대견사에 들러 간다.

대견봉 정상에 올라서니 온통 눈 세상이다. 평평한 참꽃 군락지에는 밀가루를 쏟아부은 듯 백색으로 잠겨 있다. 수북하게 내린 눈이 눈의 초점을 흐리게 한다. 때맞춰 나슬나슬한 눈발이 흩날리고 있다. 참꽃나무 가지에 상고대와 눈꽃이 햇살을 받아 보석처럼 반짝거리며 빛난다.

가끔은 낯선 곳으로 홀연히 떠나고 싶다는 생각을 했다. 이곳이야말로 미지의 세계 설국에 온 느낌이다. 하늘에서는 눈꽃 송이가 바람에 날려 점점이 흩어지고 그 중심에 내가 서 있다는 것만으로 하루 일탈은 충분하다.

　나이가 들어간다는 증거일까. 살을 에는 차가운 바람이 허리를 휘감아 돈다. 추위에 서 있기조차 어려운 지경에 이르자 그 자리에 털썩 주저앉았다. 금강산도 식후경이라고 눈 속에 파묻혀 있다 보니 불현듯 시장기가 돌았다. 함께 간 사람들 배낭을 풀어헤치니 먹을거리가 푸짐하게 쏟아져 나왔다. 모두 배가 고팠는지 게걸스럽게 음식물을 입안으로 밀어 넣었다. 어느 분이 후식으로 커피까지 준비해 왔다. 맑은 공기를 타고 번지는 커피 향기는 절에서 은은히 퍼져 나온 향 타는 냄새와 어울려 그 여운 오래도록 사그라지지 않았다.

5
공모전 입상

포산이성 包山二聖

비슬산의 옛 지명은 포산苞山이었다. 삼국유사 제5권 피은편에는 포산이성苞山二聖의 관기觀機와 도성道成 이야기가 나온다.

신라 때 포산에는 관기觀機와 도성道成 두 성사聖師가 숨어 살았는데 어떤 사람인지는 알 수가 없다. 함께 포산에 살면서 관기는 남쪽 고개에 암자를 지었고 도성은 북쪽 굴에 살았다. 서로 십여 리쯤 떨어졌으나 구름을 헤치고 달을 노래하며 항상 서로 왕래했다. 도성이 관기를 부르고자 하면 산속에 있는 수목이 모두 남쪽을 향해서 굽혀 서로 영접하는 것 같았다. 관기는 이것을 보고 도성道成에게로 갔다. 또 관기가 도성을 맞이하고자 하면 역시 이와 반대로 나무가 모두 북쪽으로 구부러지므로 도성도 관기에게로 가게 되었다. 이와 같이 지내기를 여러 해가 지났다. 도성은 그가 사는 뒷산 높은 바위 위에 늘 좌선坐禪하고 있었다. 하루는 바위에서 몸이 허공에 날리면서 떠나갔는데 간 곳을 알 수 없었다. 어떤 사람은 수창군壽昌郡(지금의 달성군 가창면) 어느 고을에서 죽었다는 말도 있다. 얼마 지나지 않아 관기도 도성의 뒤를 따라 세상을 떠났다. 훗날 두 성사聖師의 이름으로 도성이 좌선하던 굴 아래에 절을 지었다. 지금도 비슬산 팔부 능선에 도성암道成庵이라는 암자가 있고, 남쪽 끝자락에는 관기봉觀機峰이라는 지명을 가진 산봉우리가 전설을 뒷받침하고 있다.

서구에 그리스 로마 신화가 있다면 우리에게는 삼국유사가 있다. 삼국유사는 5권 2책으로 되어 있으며 일연 선사가 일생을 바쳐 만든 우리의 역사서이다. 고조선 단군신화부터 향가를 비롯해 신라, 고구려, 백제의 전설과 설화를 세세히 기록한 국보 306호다.

일연 선사는 1206년 경상북도 경산 압량에서 태어났다. 스님은 22살이 되던 해 승려들의 과거시험인 선불장選佛場을 치렀는데 일 등으로 합격했다. 불교를 숭상하던 고려 시대에는 대단한 영광이었다. 지금으로 보자면 사법고시 수석합격이라고 한다. 선불장 합격 후 첫 부임지로 비슬산 대견사에 왔다. 그로부터 35년 동안 비슬산 대견사를 시작으로 인흥사, 용천사, 운문사에서 기거하면서 삼국유사의 기초가 되는 자료를 수집하고 역대연표까지 만들었다고 한다. 78세에 군위 인각사에서 삼국유사를 집필하였고

1289년 84세에 일연 선사는 세상과 인연을 마쳤다.

비슬산은 경상북도 청도군 각북면과 대구광역시 달성군 현풍읍, 가창면 그리고 경상남도 창녕군 성산면을 경계로 하고 있는 산이다. 비슬산은 비파 비琵 자에 큰 거문고 슬瑟 자를 쓴다. 정상에 거문고를 켜고 있는 형상을 한 바위가 있어 붙여진 이름이다. 예로부터 스님들 사이에서는 "북 봉정, 남 대견"이란 말을 자주 했다고한다. 사찰에서 기도하면 효험이 가장 잘 나타나는 곳이 북쪽은 설악산에 있는 봉정암이요, 남쪽은 비슬산의 대견사란다.

비슬산 대견봉 부근에 자리 잡은 대견사는 사연이 많은 사찰이다. 1200년 전, 신라 헌덕왕 때 보당암이란 이름으로 창건되었다. 그러다 대견사로 바뀌었다. 대견사로 바꾼 이유는 중국 당나라 태종과 연관이 있다. 당 태종은 절을 지을 곳을 찾던 중 어느날 세수를 하려고 물을 담아온 대야를 보니 산 정상에 세워진 웅장한 절터 모습이 비쳤다고 한다. 세숫대야 속에 비친 장소를 찾기 위해 당나라 전체를 둘러봐도 없었기에 이웃 신라에 사신을 보냈다. 신라에서 찾던 중 비슬산 정상에 같은 모양의 산이 있었다고 한다. 그래서 대국에 보였던 절터라 하여 대견사로 불리게 되었다. 이렇듯 유서 깊은 사찰을 일제가 강제 폐사시켰다.

이유는 간단했다. 일제가 가장 두려워했던 곳이 대견사라고 한다. 풍수지리설에 의하면 대견사가 일본 열도를 바라보는 형국이란다. 대견사 정기로 일본 땅을 우리나라로 끌어당겨 오는 중요한 혈 자리로 여겨졌다고 한다. 이런 이유로 임진왜란 때 왜군이 몰려와 불을 질러 없애 버렸다. 왜란 후 광해군과 인조 대에 중창되었다가 일제 강점기에 일본사람이 의도적으로 절을 무너뜨렸다. 그 후로도 해방될 때까지 복원을 못 하게 막았다고 한다.

대견사를 복원하는 데는 오랜 시간이 걸렸다. 일제가 강제 폐사한 절터에는 우물터와 삼층석탑, 마애불, 절이 있었다는 석축만 덩그러니 남아 있었다. 오랜 기간 방치되었던 대견사지를 2010년경부터 민족의 정체성을 되찾고 비슬산 정기를 회복하기 위해 지역의 뜻있는 사람들이 의기투합하여 주춧돌을 놓았다. 2014년 3월 1일, 새로운 모습으로 완공하여 중창 법회를 열었다. 중창과 동시에 스리랑카에서 가져온 부처님의 진신사리도 함께 봉안되어있다.

비슬산은 등산하기에도 좋은 곳이다. 정상에는 삼십여만 평의 참꽃 군락지가 있다. 진달래는 대부분 삼월 중순에 꽃을 피워 사월 초면 시들어 버린다. 그러나 비슬산 정상 부근에는 기온이 낮아 사월 말에 꽃이 피기 시작해 오월 초에 절정을 이룬다. 여름에는 짙은 숲과 계곡의 맑은 물, 가을에는 억새를 빼놓을 수 없다. 가늘게 불어오는 바람에 너풀거리는 모습은 마치 사람이 무리를 지어 춤을 추는 것같이 보인다. 대견사 복원 후로는 비슬산을 찾는 등산객은 불교 신자가 아니더라도 꼭 둘러보고 가는 곳이다.

비슬산에는 적멸보궁이 두 군데 있다. 한 곳은 대견사 중창 복원 당시 스리랑카에서 가져온 것을 봉안해 두었고, 다른 한 곳은 신라 신덕왕 때 보양 화상이 창건한 달성군 옥포면에 있는 용연사이다. 임진왜란 당시 통도사에 있던 부처님 진신사리를 왜적을 피해 금 강산으로 가져가려다 그 일부를 용연사에 봉안했다고 한다. 일연 선사는 이렇듯 비슬산 일대에서 오랜 기간 머무르면서 삼국유사 를 구상하고 그에 따른 자료를 모았다. 삼국유사는 삼국사기에 기 록하지 못한 내용이 다분히 기록되어 있으며, 우리 선조들의 삶과 시대마다 어떤 기이한 일이 있었는지 상세히 기록해 두고 있다.

사계절 비슬산은 등산객으로 붐빈다. 삼국유사에 나오는 도성 과 관기의 설화와 대견사에 얽힌 사연을 아는 사람은 얼마나 될 까. 그냥 둘러보고 가는 산행이 아닌 비슬산 내력부터 일연 선사 가 대견사에서 22년간 기거하면서 쌓아 온 그의 행적을 되짚어 보았으면 하는 바람이다.

(2020년 삼국유사 스토리텔링 공모전)

발해를 꿈꾸며

우리는 매 순간 꿈을 향해 나간다. 꿈이 없는 사람은 삶의 의미도 반감되기 마련이다. 우리가 생각하지 못한 새로운 꿈을 꾸며 살아가는 사람이 있다. 발해가 멸망한 지 천 년이란 세월이 훌쩍 지났음에도 그 옛날 영광을 되찾으려는 사람이다. 그들이 모여 사는 경상북도 경산시 발해마을에서 발길을 멈추었다.

그들은 어디서 온 누구일까. 발해를 건국한 사람은 고구려 후예들이다. 고구려가 신라에 나라를 넘겨준 후 그들은 두만강을 건너 요동 땅으로 가서 발해라는 새로운 나라를 세웠다. 696년 건국해 230여 년을 부국강병 국가로 성장했다. 바다 동쪽의 번창한 나라 해동성국海東盛國이라 불리며 부유하게 살던 발해가 어느 날 감쪽같이 사라져 버렸다. 멸망한 계기는 여러 가지가 있겠지만 권

력층의 내부 분열과 거란의 잦은 침입이 주된 원인이었다.

한순간에 분해된 발해, 발해가 멸망하자 그 후예들은 뿔뿔이 흩어지고 일부는 고구려 후손이 세운 고려로 돌아왔다. 발해 세자 대광현은 수만 명의 민중을 데리고 고려로 귀화했다. 고려 태조 왕건은 이들을 후하게 대접하고 원보수元甫守라는 벼슬과 함께 대太 씨에서 태太 씨로 사성賜姓 했다고 한다. 그들은 고려로 귀화한 후 전국으로 흩어졌는데 일부는 경상북도 경산시 남천면 송백리에 정착해 지금까지 살고 있다.

복숭아가 붉게 익는 7월 어느 날이었다. 바람 한 점 없는 30도를 웃도는 무더운 날씨에 대구에서 청도로 가는 국도변에서 우연히 마주친 마을 표지석 하나가 눈에 띄었다. '발해 마을', 우리 역사에서 빼놓을 수 없는 발해라는 이름에 지나칠 수가 없었다. 차에서 내려 마을 안쪽으로 들어가 보았다. 좁다란 다리를 건너니 마을은 복숭아밭으로 에워싸여 있었다. 복숭아가 익는 계절이라 달콤한 향기가 코끝을 자극하고 군침을 돌게 했다. 나뭇가지마다 불그스름한 복숭아가 탐스럽게 달렸다. 복숭아나무 밑에서는 남녀노소 할 것 없이 동네 사람들이 구슬땀을 흘리며 수확에 한창이었다.

마을 들머리에는 공동 창고가 있었다. 창고 안에서는 방금 딴 복숭아를 수북이 쌓아 놓고 아주머니 대여섯 분이 박스에 담고

포장하느라 분주히 움직였다. 발해마을에 관련된 이야기를 듣고
싶었지만 워낙 바삐 움직이니 말 걸어볼 엄두가 나지 않았다. 하
는 수 없이 혼자 마을 한 바퀴를 돌아볼 요량으로 동네 안으로 들
어갔다.

먼저 눈에 들어오는 것이 벽화였다. 마을 담벼락에는 크고 작은
그림들이 빼곡히 그려져 있었다. 발해를 세운 대조영 활약상을 벽
화로 다시 승화시켰다. 말을 타고 넓은 광야를 호쾌하게 누비는
모습은 사실적이면서도 살아 움직이는 것 같았다. 칼과 창을 높
이 들고 위엄 있는 자세로 호령하는 모습, 병사들과 승리의 환호
를 외치는 장면 등을 다양하게 그려 놓았다.

안쪽으로 더 올라가니 대조영 장군 동상이 세워져 있었다. 태극
기와 마을에서 제작한 발해를 상징하는 깃발이 하늘 높이 펄럭이
고 있었다. 집주인을 불러 봐도 인기척이 없어 들어가지는 못했지
만 상현사尙賢祠는 1920년경 후손들이 만든 사당으로 매년 춘분
과 추분에 대제를 지낸다고 한다. 그 안에는 대조영 영정이 보관
되어 있다고 한다. 영정은 살아 있는 후손을 대상으로 머리 모양
을 기준 삼아 복원했다고 한다.

송백리에 발해마을 형성은 임진왜란 후로 거슬러 올라간다. 대
조영 장군의 부친인 대종상 선생의 31세손 태순금 선생이 문경에
서 이곳으로 이주하면서 터를 잡았다. 그들은 송백리에 살면서부

터 가문이 번성하고 경제적으로도 부유해졌다. 당시 마을 일대와 청도까지 땅을 넓혔다. 우리나라에 태 씨는 일만여 명이 전국에 흩어져 살고 있으며, 발해마을은 유일한 태 씨 집성촌을 이루고 있다. 현재 남천면 송백리에는 스물일곱 가구에 사십여 명이 살고 있다.

근래 들어 중국이 말도 안 되는 억지 논리를 펴고 있다. 일본이 독도를 자기 땅이라 우기더니 중국은 동북공정이란 이름으로 우리 고구려와 발해, 심지어 고조선까지 자기들 역사라며 왜곡하고 있다. 동북공정이란 동북변강역사여현상계열연구공정東北边疆历史与現狀系列研究工程의 줄임말로 중국의 동북부 만주 지역 역사를 연구하기 위한 국가 산업이다. 그 핵심은 고조선과 고구려, 발해는 중국의 지방 정권이었다는 것이다. 그런 의미에서 그들은 우리 고대 역사까지 자기들 조상이라 한다. 그뿐만 아니라 우리의 전통적인 음식 김치부터 한복, 삼계탕, 비빔밥까지 그들의 문화라고 얼토당토않게 우기고 있다. 하지만 발해를 건국한 대조영 후손이 대한민국에 엄연히 살고 있다는 것을 그들은 꿈에도 생각지 못할 것이다.

대한민국 땅에 발해를 뿌리로 둔 마을이 있다니 뜻밖이었다. 마을 한 바퀴를 둘러보니 현재 우리네 농촌 마을이 그러하듯 산업화에 밀려 젊은이는 도시로 나가고 나이 드신 분이 마을을 지키고

있다. 그럼에도 그들끼리 어울려 복숭아밭에서 함께 일하며 나름
대로는 행복한 삶을 살고 있는 것 같았다. 곳곳에 발해 후손이란
자부심이 대단했다. 마을 담벼락에 그려 놓은 대조영 장군의 활약
상과 발해 깃발, 무엇보다 태 씨라는 자존감을 높이기 위해 대문
앞에는 봉황무늬에 태 씨 몇 대손이라는 문패를 부부 이름으로
당당하게 걸어 놓았다.

발해를 꿈꾸며, 구십 년대 최고 인기를 누리던 아이돌그룹 가수
가 부른 노래 곡목이다. 남북한의 평화통일을 염원한다는 노랫말
이 대부분이지만 진정으로 발해의 부활을 꿈꾸는 사람이 바로 여
기에 살고 있다.

(제12회 경북문화체험 전국수필대전 수필 부문)

억새의 슬픈 노래

뭐가 그리 서러운지, 가늘게 불어오는 바람에도 서걱서걱 소리를 내어 흐느낀다. 무너진 성벽 사이로 하얗게 핀 억새꽃이 저녁 노을에 반사되어 황금빛으로 물들어간다. 억새가 장관을 이룬 독용산성禿用山城에도 어둠이 살포시 내려앉는다.

중국에 있는 만리장성인들 이토록 아름다움을 연출할 수 있을까. 산성에 올라서자 은빛 물결이 끝없이 이어져 있다. 하얗게 핀 억새 틈바구니에 보라색 투구꽃 한 송이가 애처롭게 피었다. 아마도 그 옛날 산성을 지키던 어느 무명 병사의 넋이 꽃으로 환생한 것은 아닐까. 할아버지의 할아버지가 외세 세력과 치열한 전투를 벌이던 곳, 거친 숨소리는 아득히 멀어지고 허물어진 성벽만이 우두커니 그 자리를 지키고 있다.

독용산성에 처음 오른 것은 중학교 3학년 늦가을이었다. 큰어머니께서는 당시에 독용산 아랫마을에 살고 계셨다. 아버지께서는 겨울이 다가오면 으레 큰집에 가서 큰어머니 일손을 돕고 오라고 하셨다. 가서 하는 일은 큰어머니께서 겨울을 따뜻하게 지낼 수 있도록 땔나무를 하는 것이었다. 그때는 허물어진 산성은 눈에 들어오지 않았다. 오로지 땔나무 한 아름 더 하는 것이 목적이었다. 나무를 연료로 사용하다 보니 추운 겨울을 나기 위해서는 땔나무가 절대적이었다. 큰아버지께서 안 계시니 큰어머니께서는 겨울이 다가오면 땔나무 하는 것이 가장 큰 걱정이었다.

큰아버지 나이 16살, 큰어머니 14살에 백년가약을 맺었다. 일제 말기에 결혼한 여성은 일본군 강제위안부로 끌려가지 않는다는 소문에 큰어머니는 어린 나이에 큰아버지와 결혼했다. 불행히도 결혼 생활은 그리 오래가지 못했다. 일제가 결혼 5년 만에 두 분의 인연을 갈라놓았다. 큰아버지께서 21살 되던 해 일제 강제 노역으로 끌려가 이국땅 남양군도에서 목숨을 잃고 말았다. 그 이후로부터 큰어머니는 평생 홀로 지내다 돌아가셨다.

독용산성은 경상북도 성주군 가천면 독용산 중턱에 있다. 산성은 5세기 무렵 성산가야 시대에 축조된 것으로 추정하고 있다. 수많은 세월이 흐르는 동안 산속에 묻혀 있다가 임진왜란 당시 왜군을 피해 이곳으로 피신 왔던 마을 사람들에게 발견되었다.

산성을 쌓은 주인공은 초기 성산가야 사람들이다. 벽진 가야라고 부르는 그들은 주변 세력의 침입을 막기 위해 독용산을 중심으로 주변 일대를 돌아가며 돌로 성을 쌓았다. 성 둘레는 7.4km로 영남지방에서 최대 규모로 알려져 있다. 성 안으로는 여러 갈래의 계곡이 있으며 물을 마실 수 있는 샘도 두 군데나 있었다고 한다. 여기에서 나온 유물로는 쇠도끼, 쇠 창, 갑옷 등의 유물이 다양하게 출토되었다. 돌무더기로 방치되어 훼손된 성곽을 1997년 성주군에서 말끔히 정리하여 옛 모습 그대로 재현해 놓았다.

가파르게 치닫는 성을 따라 올라가니 턱 밑까지 숨이 차올랐다. 이곳에서 얼마나 많은 병사가 전투를 벌이다 목숨을 잃었을까 하는 상상을 해 보았다. 성을 지키기 위해 침략자와 싸운 사람의 고통도 이만저만이 아니었으리라. 일제 징용에 끌려간 큰아버지께서도 전쟁의 포화 속에 돌아가셨다고 생각하니 가슴이 먹먹해 왔다. 어디로 끌려갔는지도 모르는 상태로 있다가 해방이 된 후에 전사 통지서를 받고서야 남양군도로 갔다는 것을 알았다. 돌아가신 날짜를 정확히 몰라 아버지께서는 전사 통지서 받은 날을 큰아버지 제삿날로 정하셨다.

산성은 중턱부터 시작되었다. 억새 숲 사이로 난 성곽 위를 삼십여 분 오르니 동문東門이 나왔다. 잘 정비된 성벽에서 아래로 내려다보니 늦가을 성주군 풍경이 아주 멋졌다. 성주 댐이 한눈에 들어오고 들판에는 참외 비닐하우스가 은색 물결을 이루고 있었다. 동문 주변 숲에서 새로운 것을 발견했다. 큰어머니와 땔감 하러 왔을 때는 보지 못했던 굵은 나무가 무리를 지어 산성을 떠받치고 있었다. 어떤 나무는 여러 곳에 상처투성이였다. 아름드리소나무에 촘촘하게 그어진 톱날 자국은 일제 말기에 연료가 부족해 송진을 채취한 상처의 흔적이라고 하니 마음이 더 아팠다. 그 와중에 세월의 무게를 견디지 못해 구새통이 되어버린 나무도 꽤 있었다. 어디를 가나 일제의 잔재가 남아 있는 것을 보면 그들의 만행을 잊어서는 안 될 것 같았다.

등 굽은 소나무가 선산을 지킨다더니 큰어머니를 두고 한 말과 같다. 평생을 홀로 지내시며 돌아가시는 날까지 고향에 있는 선산을 돌보는 일을 소홀히 하지 않으셨다. 장마철 비가 많이 오거나 태풍이 불어도 조상님 묘가 어떻게 되었는지 걱정에 산소에 오르셨다. 그러다 정작 당신이 돌아가실 때는 선산을 가지 않겠노라고 유언하셨다. 맏며느리 노릇을 제대로 하지 못해 먼저 간 조상님의 얼굴을 뵐 면목이 없다며 선산보다는 동네 공동묘지에 묻히시길 원하셨다.

독용산성에 올라 걸으니 유년 시절 생각이 새록새록 되살아났다. 억새처럼 비바람에 흔들려도 한평생을 억세게 살다 간 큰어머니의 생각 또한 지울 수가 없다. 그때도 억새꽃이 흐드러지게 핀 늦가을이었다. 계절은 가고 또 오는 것, 시간은 물 흘러가듯 쉼 없이 지나지만 독용산 억새는 여전히 그 자리에서 피고 지고를 반 복하고 있다.

(제2회 경상북도 이야기보따리 수기 공모전)

달빛 풍경

빨리 일어나라는 신호인가. 늦가을 햇살이 슬그머니 창문을 넘어온다. 거실 안으로 들여놓은 갯국화는 진한 향기를 뿜으며 코끝을 간질인다. 구름 한 점 없는 쪽빛 하늘을 보니 어디론가 떠나고 싶은 충동이 요동친다. 단김에 청암사 단풍놀이를 가기로 마음먹고 주섬주섬 옷을 챙겨 입었다.

물이 맑아 바위가 푸르게 보인다는 청암사. 성주 무흘 구곡을 지나 청암사 들머리에서부터 흥분된 마음을 감출 길 없었다. 고샅길에 줄지어 서 있는 나무는 물감을 쏟아부은 듯 휘황찬란하게 변신해 있었다. 다래다래 붙은 나뭇잎에 가지는 좁다고 아우성을 질렀다. 이른 봄에는 연둣빛 새순이 상큼하게 다가오더니 가을에는 하늘을 뒤덮은 단풍이 고즈넉한 숲길을 더욱 운치 있게 만들어 놓았다.

무릉도원이 있다면 여기가 아닐까. 한 걸음씩 발길을 옮길 때마다 새로운 느낌으로 다가왔다. 조붓한 길로 들어서니 파란 하늘을 떠받치고 있는 굵직한 금강송 여남은 그루가 대장군처럼 버티고 있었다. 그 한가운데 자리 잡은 청암사 일주문은 늦가을 햇볕을 푸근하게 쬐고 있었다.

청암사를 알게 된 지는 십여 년이 넘었다. 어느 해 이른 봄 김천 수도산으로 등산을 갔다. 봄이라 산 아래는 파릇한 나뭇잎이 골짜기를 물들이고 있었다. 산 위로 오를수록 겨울의 잔재 하얀 눈이 그대로 남아 있었다. 수도산 정상에 도착하니 해는 벌써 서쪽 하늘에 뉘엿뉘엿 걸려 있었다. 산속이라 해 떨어짐과 동시에 하늘에서는 섬광과 같은 둥근달이 휘영청 올랐다. 머리 위로는 무수한 별들이 쏟아지고 구름 사이로 비치는 달빛은 산길의 길잡이가 되었다. 얼마나 걸었을까, 산새들조차 고요히 잠든 시간에 멀리서 목탁 두드리는 소리가 간간이 들려왔다. 이렇게 깊은 산 중에 절이 있을까 하며 소리를 따라 내려가니 달빛 속에 비치는 아늑한 사찰이 눈에 들어왔다.

인기척이라고는 전혀 없는 깊은 산중에 사찰이 있으리라고는 상상조차 못 했다. 구름 속에서 벗어난 보름달이 사찰 경내를 비출 때는 섬뜩했다. 기와지붕 용마루에 올라앉은 이문螭吻은 금방이라도 하늘로 용솟음칠 것 같은 위엄 있는 자세로 포효하고 있었다. 그나마 간간이 들여오는 풍경 소리가 이곳이 사찰임을 짐작하게 했다. 집에 돌아온 후로는 어둠 속에 보았던 그 사찰에 대해 궁금증이 곰비임비 쌓여만 갔다.

밤 풍경이 아름다웠던 그곳은 청암사였다. 경북 김천시 증산면 불령산 자락에 자리 잡은 청암사. 소소한 이야기가 숨어있는 이곳은 대한불교 조계종 직지사 말사로 비구니 스님들이 공부하는 승가대학이 있는 곳이다. 천 년 전, 신라 헌안왕 때 도선 국사가 주춧돌을 놓았다고 전해진다. 조선 시대 인조와 정조 때 화재로 모두 타버렸다. 지금의 건물은 1900년 초 대운 스님이 복구하여 오늘에 이어지고 있다.

청암사 들머리부터 향기로운 냄새가 감돌았다. 우거진 숲속에서 뿜어져 나오는 맑은 공기는 삶에 찌든 정신까지 말끔히 씻어 주었다. 일주문을 지나 사천왕문까지 가는 길은 크고 작은 나무가 터널을 이루고 그 옆에는 조선 시대 정혜 스님의 일생을 적어 놓은 비문이 있었다.

사찰로 가는 길목에 작은 샘이 나왔다. 돌에 '우비샘'이라고 새겨 놓았는데 청암사는 소가 누워 있는 형상이란다. 대웅전이 있는 곳이 소의 머리라면 이곳은 코에 해당한다고 적어 놓았다. 바가지에 물이 넘치도록 퍼서 마셔보니 물맛이 달고 차가웠다. 향기로운 물이 목을 타고 넘어가는 순간, 속은 이내 푸르게 젖어 들었다. 우비샘과 마주하고 있는 바위에는 많은 이름이 새겨져 있었다. 어떤 사연을 안고 이름을 팠는지 알 수는 없지만 아마도 후대까지 자신의 존재를 알리려 하지 않았을까. 이 또한 인간의 탐욕에서 비롯되지 않았나 하는 생각을 해 보았다.

청암사는 인현왕후 이야기를 빼놓을 수 없다. 조선 숙종의 정비였던 그는 정치 소용돌이 속에 후궁 장희빈에게 왕후 자리를 내어주고 말았다. 폐서인이 된 그는 우여곡절 끝에 이곳에 왔으나 마땅히 거처할 곳이 없어 한옥을 다시 지었다. 그곳이 지금의 극락전이다. 청암사에 오게 된 연유는 친정어머니 외가가 이 부근에 있었기 때문이다. 청암사에 몸을 의탁하고 있으면서 관세음보살을 모신 보광전에서 복위를 위해 끊임없이 기도를 했다.

바람 한 점 없는 청암사는 시간조차 멈추어 있는 듯했다. 사찰은 어느 양반집같이 오밀조밀하게 정리되어 있었다. 육화전에서는 승가대학 비구니 스님이 모여 불경 읽는 소리가 들렸다. 낭랑하면서도 차랑차랑한 음성이 청암사 경내를 휘돌아 감았다. 그 광경을 보느라 한동안 서 있다가 대웅전으로 발길을 옮겼다. 가을 햇살을 받은 목조 석가여래 좌상 얼굴에는 동그마니 미소가 번져 나갔다.

겨울이 코앞으로 다가왔다. 인현왕후도 소슬바람을 가슴에 안고 이 길을 걸었으리라. 사람들 마음을 들뜨게 했던 단풍잎도 하나둘씩 떨어져 바람 부는 대로 뒹굴고 있다. 느직느직 청암사 경내를 돌고 나니 내 마음속에 켜켜이 쌓였던 번뇌가 조금은 사그라지는 것 같았다. 해가 서산으로 서서히 기울어지고 있을 무렵 청암사를 빠져나왔다.

(제9회 경북문화체험 전국수필대전 수필 부문)

씨도리

밤사이에 쏟아지던 장대비는 아침이 되자 가랑비로 바뀌었다. 태실로 가는 국도변에는 뿌옇게 흩어지는 안개 사이로 비닐하우스가 물결을 이룬다. 그 안에는 초록 잎 사이로 참외가 노랗게 익어 간다. 줄기마다 조롱조롱 달린 것을 보니 새끼 돼지가 어미 젖꼭지를 물고 있는 형상과 같다.

이런 곳이 명당인가 보다. 구름이 머물고 바람도 쉬어 가는 곳. 선석산 능선을 타고 내려오는 산들바람은 태실에 머물렀다. 성주군 월항면 인촌리의 나지막한 구릉에 자리 잡은 태실은 세종대왕의 열여덟 왕자와 단종의 태가 묻힌 곳이다. 풍수지리설에 의하면 이곳은 여인의 자궁과 같은 형상을 한 곳이라 길지로 여겼다. 태실이 들어서기 전에는 고려 말 성주이씨 중시조인 이장경 선생 묘가 부근에 자리하고 있었다. 왕조가 고려에서 조선으로 바뀌면서 이장경 선생의 묘는 다른 곳으로 옮기고 태실이 자리하게 되었다.

이마에는 땀방울이 송골송골 맺히고 심장은 쿵쿵 뛰었다. 나지막한 산등성이로 여겼는데 쉽게 볼 것은 아니었다. 이것쯤이야 하며 단박에 태실로 뛰어올랐더니 가쁜 호흡이 목까지 차올랐다. 태실에 올라서니 가슴이 뻥 뚫림과 동시에 온화하면서도 평안한 마음이 들었다. 빽빽이 줄지어 있는 소나무 사이로 시원한 바람이 불어와 등줄기로 흐르는 땀을 식혀 주었다.

화합하면서 잘 살라는 뜻이었을까. 조선에는 여러 왕이 있었지만 세종은 자식의 태를 한곳에 모았다. 국가지정 사적 444호로 지정된 태실 앞줄에는 정부인 소헌왕후의 여덟 왕자와 뒷줄에는 후궁에서 태어난 열 명의 태가 가지런히 줄지어 있었다. 세종이 많이 귀여워했다던 손자 단종의 태실은 약간의 간격을 두고 따로 모셔져 있었다. 어떤 곳은 비석이 없고 돌 받침만 덩그러니 남아 있었다. 기단만 남아 있는 곳은 세조의 왕위찬탈을 반대했던 금성대군, 안평대군, 화의군, 한남군, 영풍군의 것이었다.

우리 조상님은 태를 소중히 다루었다. 아이가 태어나면 태를 깨끗이 한 다음 왕겨에 태운 후 강물에 띄웠다. 자식이 귀한 집에서는 마당 한 모퉁이에 묻기도 했다. 왕실에서는 달랐다. 태를 깨끗한 물로 여러 번 씻어 항아리에 담아 두었다. 태를 주관하는 관상

감에서 길지와 길일이 정해지면 전국에 있는 명산을 찾아 소중히 모셨다. 씨를 받기 위해 밑동을 남기고 잘라낸 배추와 같이 태의 주인이 성장하면서 좋은 결실을 맺으라는 뜻이 담겨 있다.

아버지 세종의 뜻과는 달리 자식들은 서로 사랑하지 않았다. 자신의 권력을 위해 형이 아우를 죽이고 아우가 형을 저주하는 불행한 일이 벌어졌다. 수양대군은 동생들과 어린 조카를 죽이고 왕의 자리를 빼앗는 만행을 저질렀다. 자신의 동생인 안평대군을 계유정난으로, 여섯째 동생 금성대군 또한 단종 복위를 도모했다는 죄명으로 처형했다.

세조의 태실 비문에는 많은 부분이 지워져 있었다. 해설사가 전하는 이야기로는 세조의 잘못을 미워한 백성들이 태실 비석에 오물을 붓고 돌로 갈아서 글자를 알아볼 수 없게 만들었다고 했다. 수양대군이 왕위에 오른 후 예조판서인 홍윤성이 돌 거북으로 만든 원수귀부형圓首龜趺形 가봉비加封碑를 세조의 태실 앞에 세웠다.

내 이름에도 태胎 자가 들어있다. 부모님이 이름으로 잘 쓰이지 않는 한자를 무작정 넣은 것은 아니었다. 태어날 때 목에 탯줄을 휘휘 감고 있던 나의 모습이 마치 승려가 염주를 목에 차고 있는 형상이었다고 했다. 그래서 아버지는 많은 한자 중 태胎 자를 넣었다고 했다. 어릴 때는 의미가 있는 글자인지 몰랐다. 한자를 알고부터는 평범한 글자가 아닌 것 같았기에 여쭤보니 나의 출생과 이름에 얽힌 사연을 말해 주었다.

태실에 서 있으니 은은한 솔 향기가 살갗을 파고들었다. 건너편 선석사에서 산새들이 새로운 생명을 잉태하기 위해 짝을 찾는 소리가 우렁차게 들렸다. 선석사는 신라 시대 의상대사가 창건한 사찰로 그 당시에는 신광사로 이름을 지었는데 지금보다 서쪽에 있었고 한다. 고려 말에 현재 위치로 옮겼는데 절을 짓던 과정에서 큰 바위가 나왔다고 해서 선석사가 되었다. 조선 시대에는 숭유배불정책으로 불교를 억압했는데 선석사는 예외였을 것이다. 태실의 안녕을 기원하고 관리 감독하는 사찰이었기 때문에 선석사만은 대우가 달랐으리라 추측해 본다.

태실로 출발할 때는 지난밤 비로 인해 약간의 냉기가 감돌았다. 싸늘함도 잠시, 태실을 천천히 둘러보는 동안 하늘에서 강렬한 햇볕이 내 주위를 맴돌고 있었다. 선석사를 빠져나오니 아랫마을 인촌리에서 불어오는 바람을 타고 달콤한 참외 냄새가 끊임없이 코끝을 자극했다. 그길로 초기 가야 고분이 있는 성주읍 성산리로 발길을 옮겼다.

(제8회 경북문화체험 전국수필대전 수필 부문)

하나 되는 그날이 오면

생각만으로도 눈시울이 붉어진다. KBS 한국방송에서 이산가족 찾기 프로그램이 끝난 지가 어저께 같은데 벌써 사십여 년 가까이 되었다. 생방송으로 진행된 첫날부터 전 국민을 눈물바다로 만들었다. 그리운 가족을 만나는 장면을 보면서 남의 일 같지 않아 나도 모르게 양볼에 눈물이 흘렀다. 우리도 만날 사람이 있는데 하면서도 신청할 생각은 못 하고 물끄러미 지켜보기만 했다.

사진이 귀하던 시절, 명절이면 사진 찍으러 읍내까지 십 리나 되는 길을 걸어갔다. 사진으로 남아있는 나의 최초의 모습은 대여섯 살 때이다. 추석날 사진관에서 형과 누나와 함께 찍은 것이다. 사진첩 속에는 그때 모습이 고스란히 멈추어져 있다.

오래된 사진일수록 신기하게 보인다. 어머니가 계시는 큰방 벽에 낡은 사진 두어 장이 걸려있다. 액자 속에 주인공은 늠름한 체격에 잘생긴 얼굴이다. 다른 한 장은 아들을 중간에 두고 아내와 찍은 사진이다. 그 모습이 화목하게 보인다. 사진 속에 인물은 어머니를 비롯해 우리 형제가 한 번도 보지 못한 사람이다.

그는 아버지께서 살아생전 그토록 그리워했던 막냇삼촌이다. 삼촌은 씨름 선수였다. 어려서부터 씨름을 잘해 고향에서는 상대할 사람이 없었다고 했다. 키는 그리 크지 않았지만 넓은 어깨와 다부진 체격으로 다른 선수와 비교해 하체가 좋았단다. 전국대회에서도 몇 번이나 일등을 하자 조선에서는 흥미가 없다며 일본으로 건너갔다. 그곳에는 씨름이 없었기에 대신 스모를 배웠다. 스모에도 성적이 좋았던지 상금을 받아 가끔은 고향 집으로 돈을 보내오기도 했다.

해방되었으나 삼촌은 고국으로 돌아오지 않았다. 일본에서 정착해 선수생활을 계속했다. 아버지께서는 고향으로 돌아오라고 몇 번이나 편지를 보냈지만 돌아오는 소식은 잘 있으니 걱정하지 말라는 답장뿐이었다. 한동안은 소식이 끊어지기도 했다. 아버지께서도 오남매 자식을 먹여 살리는 일에 바쁘다 보니 동생을 걱정할 여유가 없었다. 어느 날 편지와 함께 사진 몇 장이 배달되었다. 일본 여자와 결혼하여 아들까지 두었다는 내용이었다. 사진 속의 가족은 다정한 표정이었다. 아버지께서는 동생이 어디에 있든 가정을 이루며 사는 것에 고맙다고 생각했다.

일제의 만행은 우리 집안도 비켜갈 수가 없었다. 아버지는 사형제 중 둘째였다. 큰아버지는 일제 강제징집에 동원되어 태평양 남양군도에서 전사하셨다. 큰아버지 나이 열여섯, 큰어머니 열네 살에 결혼했다. 그 후 딸, 아들 하나씩 두고 오 년간 같이 살다 일본의 영토야욕에 희생되었다. 사망 소식은 해방되어 같이 갔던 이웃으로부터 전해 들었다. 작은아버지도 노역으로 끌려가 광복 후고국으로 돌아왔다. 그러나 벅찬 노동의 후유증으로 골병이 들어몇 년 살지 못하고 돌아가셨다. 막냇삼촌마저 일본으로 간 후로는 한 번도 만나지를 못했다.

육십 년대 초까지 아버지와 삼촌은 간간이 서신 교환이 되었다. 소식이 궁금할 즘이면 편지가 왔다. 어쩌다 한 번씩 오는 편지에 매번 잘 있다는 내용이었는데 한번은 북송선을 타려 한다는 날벼락 같은 소식이 적혀있었다. 아버지는 그 배를 타면 안 된다고 바로 답장을 보냈다. 편지가 수시로 오던 것이 그 이후로는 소식이 뚝 끊겼다. 몇 번 더 편지를 보냈으나 감감무소식이었다. 아버지께서는 북송선을 탄 것으로 간주했다. 그때부터 큰방 벽에 삼촌의 일가족 사진을 가지런히 걸어두었다.

그 당시만 해도 연좌제라는 제도가 있었다. 특정한 사람의 범죄에 대해 일가친척이나 그와 관계있는 사람이 연대책임을 지고 처

214

벌받는 제도이다. 삼촌이 북송선을 탔다는 정보를 입수했는지 어느 날부터 수시로 우리 집에 정부 기관에서 나왔다며 감시를 했다. 어떤 때는 한밤중에도 대문을 두드리는 일도 있었다. 몇 년을 그렇게 해도 아무것도 알아낸 것이 없으니 결국에는 발길이 뜸해졌다. 마지막으로 찾아와서 혹시라도 삼촌 소식이 오면 연락하라는 말만 남기고 더는 오지 않았다.

세월이 흘러 경제 발전도 되고 가정생활도 안정되어갔다. 그 무렵 방송국에서 이산가족 찾기가 몇 날 며칠 이어졌다. 사람마다 사연은 달랐다. 헤어진 가족이 없는 사람도 눈시울을 붉히며 텔레비전 화면 속으로 빨려 들어갔다. 우리 형제도 혹시 삼촌 가족이 나올 수도 있다는 작은 희망으로 유심히 보았다. 설렘을 안고 끝까지 지켜봤지만 출연한 대다수는 한국전쟁으로 헤어진 가족의 만남이었다.

우리나라에서 올림픽이 열리고 발전된 모습이 전파를 타고 지구촌 구석구석 파고들었다. 그쯤에 일본에 사는 조총련계 사람들의 한국 방문이 이루어졌다. 발전된 대한민국을 보면서 조총련에서 탈퇴한 사람이 줄을 이었다. 또한 중국, 러시아와 수교가 되면서 일제 강점기에 떠났던 유·이민 또는 강제노역으로 갔던 사람들이 다시 조국을 찾았다. 어머니는 주위에 그런 모습을 보면서 생전에 그리워했던 남편이 생각났던지 시동생을 떠올렸다. 혹시 북에서 러시아 벌목공으로 갔을 수도 있다며 찾아보라고 넋두리를 늘어놓았다. 우리 형제는 사할린과 중국에서 오는 사람들의 인편을 통해 수소문해보려 마음먹었을 뿐, 실천에 옮기지는 못했다.

기억에도 없는 삼촌이다. 우리는 가족회의를 열었다. 큰형님 생각은 아버지 형제이니 어떻게든 찾아봐야 한다는 의견이었다. 작은형님 생각은 달랐다. 지금 와서 만난들 무엇을, 어떻게 하겠느냐며 반문을 했다. 그래도 이산가족 방문 신청은 해 봐야 한다는 나의 주장이었다. 작은형님은 찾은 후의 일들까지 예상하며 대화를 이어갔다. 지금까지 살아계시는지, 아니면 돌아가셨는지 모르고 무작정 찾겠다던 생각은 남북 대화 단절과 함께 마음까지 식어갔다.

북한도 정권이 바뀌면서 다시 대화의 문을 열었다. 2000년 6월, 역사에 길이 남을 일이 벌어졌다. 남쪽의 김대중 대통령과 북의 김정일 국방위원장이 분단 후 처음으로 평양에서 두 손을 마주 잡았다. 화해 분위기 속에서 남북 이산가족 문제도 곧 해결될 기미가 보였다. 통일이 가까이 다가오는 것 같았다. 우리 형제는 다시 신경을 곤두세우고 티비 화면 앞으로 다가앉았다. 시간이 지나면서 이 또한 정치적인 문제로 차일피일 날짜만 자꾸 지나갔다.

아버지 마음을 헤아려본다. 북송선을 탔는지 정확히는 알 수는 없지만 동생의 얼굴을 잊지 않기 위해 잘 보이는 곳에 사진을 걸어 두었다. 그 마음은 당신 아니고서는 아무도 모를 것이다. 아버지가 돌아가신 지 벌써 사십 년이 넘었다. 그토록 보고 싶어 하던 삼촌 소식은 여전히 오리무중이다. 경제 발전에 따라 변화도 많았다. 고향 동네는 넓은 도로가 생기고 고층 건물이 즐비하다. 흙담 집이 대부분이었던 동네에 현대식 건물이 들어섰다. 그러나 세월이 아무리 바뀌어도 어머니 방에 있는 사진만은 여전히 한쪽을 차지하고 있다.

최근에는 문재인 대통령과 김정은 국방위원장이 다시 마주 앉았다. 남북 정상이 평양과 판문점을 오가며 만나는 장면을 보면서 이제는 정말 통일이 될 것만 같아 보였다. 급기야 북한과 미국 정상이 싱가포르와 베트남에서 두 차례나 만나니 통일 분위기는 점점 무르익어 갔다. 그러나 북미 회담이 결과물 없이 끝나자 북은 다시 도발적인 자세로 돌아섰다. 아직 협상의 문은 열려 있다 하니 북한이 원하는 것과 미국이 바라는 것을 조금씩 양보하는 선에서 잘 되었으면 좋겠다.

오륙십 년대 당시에 일본에서 거주하던 재일 교포 중 조총련 꾐에 빠져 북송선에 올랐던 사람이 여럿 있었을 것이다. 지금 한국에 있는 그들 가족도 우리와 같은 심정일 것 같다. 남북 이산가족 찾기에는 벙어리 냉가슴 앓듯 먼발치에서 지켜보고 있었다. 그들도 한국전쟁으로 헤어진 가족 못지않게 형제의 생사가 그리운 것은 매한가지다.

　일제 침략의 비애는 우리 가족의 일만은 아니다. 강제 노역에 동원된 장정들이며 일본군 강제위안부로 끌려간 처녀들은 백발이 된 지금까지 비통해하고 있다. 문제 해결의 실마리를 쥐고 있는 일본은 아직 묵묵부답이다. 오히려 일본 대사관 앞에 세워둔 소녀상 철거를 운운하고 있다.

　다시 봐도 사진 속에 삼촌 모습은 멋있다. 지금까지 살아계신다면 나이가 일백 살이 가까워져 온다. 삼촌 무릎에 올라앉은 어린 사촌도 칠순이 가까워졌을 나이가 되었는데 무엇을 하며 지내는지 궁금하다. 한 번도 와보지 못한 아버지 고향을 그는 어떻게 상상하고 있을지. 아버지가 가르쳐 준 고향 집 주소라도 잘 기억하고 있는지 모르겠다. 남과 북이 하나 되는 그날이 오면 빛바랜 사진을 들고 삼촌 가족과 상봉하는 장면을 나 혼자 상상해 본다.

(제50회 통일부 한민족 통일문화제전 수필 부문)

바람이 머무는 자리

친구 따라 강남 간다더니 내가 그 행색이다. 잉걸불 태양이 쏟아지던 날, 어깨너머로 엿들었던 이장경 선생의 흔적을 찾아나섰다. 성주에서 사업하는 친구가 우연한 기회에 안산 영당을 가 보게 되었다. 그곳에 다녀와서 문화유적에 관심이 많은 나에게 영당을 소개했다. 솔직히 나의 뿌리도 정확히 알지 못하면서 다른 문중을 기웃거린다는 것이 아이러니한 일이다.

성주이씨 중시조이기도 한 이장경 선생은 고려 중기 사람이다. 오남 일녀를 두었는데 아들은 모두 문과에 급제하여 벼슬을 하였다. 우리에게 널리 알려진 '다정가'의 작가 이조년은 그의 막내아들이다. 선생은 생전에 상호장上戶長을 지냈으며 아들 덕에 사후에도 왕으로부터 높은 벼슬을 받았다. 손자 이승경의 출세로 원나라 황제로부터 '농서군隴西郡'이란 벼슬에 봉해지기도 했다.

안산 영당을 찾아가는 길은 그다지 어렵지 않았다. 넓은 도로를 따라가다 영당 표지판을 보고 에움길로 접어들었다. 길섶에는 억새가 싱그럽게 자라고 있었다. 끝없이 이어지는 꼬부랑길은 숨이 막힐 정도로 숲이 울창했다. 이렇게 깊은 산속에 무엇이 있을까 의구심이 들 즈음에 넓은 터가 눈앞에 펼쳐졌다.

바람이 머물고 구름도 쉬어가는 곳, 명당은 늘 아늑한 곳에 있듯이 봉과 황이 살포시 내려앉아 날개를 펴고 있는 형상이다. 그 중심에는 그림 같은 몇 채의 기와집이 자리하고 있었다. 안산 영당이라는 간판이 없었다면 사찰에 잘못 들어온 것으로 착각할 정도였다.

영당으로 들어가는 문은 둔중한 자물통이 채워져 있었다. 주변을 둘러보아도 인기척이라고는 없었다. 간단없이 울려 퍼지는 산새들의 노랫소리만이 반가움의 인사를 했다. 혹시라도 관리하는 사람이 근처에 있을까 싶어 큰 소리로 불러보았지만 메아리가 되어 돌아왔다. 영당에서 먼저 눈에 들어오는 것이 신도비였다. 능놀며 기다릴 수가 없어 신도비가 있는 쪽으로 발걸음을 옮겼다. 아랫마을 자산리 귀령골에서 불어오는 바람은 태양열에 달구어진 온몸을 금세 시원하게 만들어 주었다.

이장경 선생의 묘와 영당은 성주군 월항면 선석산에 자리하고 있었다. 고려에서 조선으로 왕조가 바뀌면서 그의 묘도 수난을 겪었다. 영당과 묘가 있는 부근에 세종의 적·서자와 단종 태실이 들어오게 되었다. 하는 수 없이 그의 묘는 다른 곳으로 옮길 수밖에 없었다. 후손들은 선석산 꼭대기에서 연을 날려 떨어지는 곳이 명당이란 지관의 말을 듣고 연을 띄웠다. 연은 하늘 높은 줄 모르고 오르다가 대가면 옥화리 능골에 내려앉았다. 문중에서는 그곳으로 묘를 이장하고 영당은 묘와 그리 멀지 않은 벽진면 자산리로 옮겼다.

무거운 신도비를 짊어지고 있는 비희贔屭, 그의 얼굴에서 금방이라도 땀이 줄줄 흘러내릴 것 같았다. 선생의 신도비는 조선 철종 때 전국에 흩어진 후손이 뜻을 모으고 이종영이 주관하여 세웠다. 홍직필이 비명을 짓고 이원조가 글씨를 썼다고 적혀있었다. 그 옆에 우뚝 서 있는 아름드리 은행나무는 아마도 신도비와 함께 심어졌으리라 짐작되었다.

신도비 아래쪽 못에는 연꽃이 실바람에 하늘거렸다. 연은 진흙탕 속에서 아름다운 꽃을 피우기로 유명하다. 불교에서는 속세의 더러움에 물들지 않는 청정함을 상징한다. 연꽃이 피는 계절이라 여기에도 연분홍색으로 주변을 향기롭게 해주었다. 둑에는 수령조차 가늠되지 않는 왕버들이 쌍벽을 이루며 마주하고 있었다. 아마 서원이 들어서기 이전부터 있었으리라. 버드나무 우듬지에 붙은 매미가 목청껏 소리 내어 자신의 존재를 알렸다.

신도비를 뒤로하고 영당 쪽으로 올라갔다. 영당을 소개하는 간판에는 경상북도 문화재 217호로 조선 선조 때 이현배가 성주 목사로 부임하면서 수리했다고 적혀있었다. 숙종 때 안산서원으로 사액을 받았지만 대원군의 서원철폐령으로 서원에서 영당으로 개칭하였다. 훼철의 회오리바람에도 거뜬히 견딜 수 있었던 비결은 바람이 머무는 좋은 터이기 때문이 아니었을까. 그리고 자손 대대로 큰 공덕을 베풀었기에 무사히 건사할 수 있었을 것이다.

건물 안에는 이장경 선생을 비롯해 나라에 공헌이 많았던 인물의 초상화 열세 폭이 보존되어있다. 영정 보관에도 사연이 있다. 원래는 스물두 폭이었으나 임진왜란 때 왜적들이 침입해 영정 일부를 훔쳐갔다. 이때 경종이라는 승려가 남은 영정을 보존하기 위해 궤짝에 넣어 땅을 파고 묻었다. 그 후 정유재란까지 거치면서 왜병들이 영당을 불태웠으나 영정은 고스란히 보존할 수 있었다고 한다.

영당을 끼고 좌측 산으로 올랐다. 중턱에서 영당 쪽을 바라보았다. 가운데 집 한 채는 기와가 벗겨져 뼈대가 훤히 드러나 있었다. 안으로 들어가 보고 싶은 마음이 간절했으나 문이 잠겨 어쩔 수가 없었다.

산모롱이에 두어 평 남짓한 낡은 지붕 안에 푼더분한 얼굴의 석불좌상이 모셔져 있었다. 불상 앞에는 백일홍 한 그루가 붉은 꽃을 피워 석불좌상을 지키고 있었다. 어느 시대 누가 불상을 조성하고 모셨는지 알 수는 없었지만, 목에는 머리와 몸통을 이어붙인 자국이 선명히 드러났다. 불상 앞에서 간단한 예를 올리고 한참이나 석조여래좌상을 훑어보았다. 들은 얘기로는 영당이 자리하기 전에 안봉사라는 사찰이 있었다고 했다. 영당 건립공사 도중에 땅속에 묻혀 있는 것을 발굴하였단다.

영정 초상화까지 보고 싶은 호기심에 발길이 떨어지지 않았다. 다음 기회를 약속하며 영당을 떠나려는 찰나에 오토바이 소리가 들렸다. 영당을 관리하는 분이었는데 내부를 볼 수 있느냐는 물음에 꺼림칙한 표정을 지었다. 몇 번의 간곡한 설득 끝에 영정이 있는 곳은 제외하고 영당 안을 볼 수 있게 문을 열어 주었다.

영당 안에는 태풍이 지나간 자리처럼 살풍경스럽게 가라앉아 있었다. 영당과 강당, 동재, 서재가 있었고 관리사로 보이는 건물이 전부였다. 이곳도 세월의 무게를 견디지 못하고 여러 곳에 덧붙인 자국이 남아있었다. 서까래를 앙상히 드러내고 있는 건물은 강당이었다. 처마 밑에는 운산정사라는 현판이 걸려있었다. 지붕을 마무리하지 않은 이유는 예산 부족으로 공사가 중단된 상태라 했다. 영당 관리하시는 분에게 궁금한 것을 더 물어보았으나 돌아오는 대답은 없었다. 그는 대가면 옥화리에 이장경 선생의 묘가 있는 오현재로 안내해 주었다. 잘 모른다는 사람을 붙잡고 자꾸만 얘기할 수도 없어 아쉬운 마음으로 발길을 돌렸다.

　나이가 들었다는 증거일까. 예전에 관심이 없었던 일이 자꾸만 궁금해진다. 돌아오는 길에 성주군 용암면에 나의 뿌리가 잠들어 있는 산소에 들렀다. 무심코 지나쳤던 비문도 다시 읽어 보았다.

(제6회 경북문화체험 전국수필 대전)